THETA
HEALING®
RYTHME

VERS UN POIDS IDÉAL

THETA HEALING® RYTHME

VERS UN POIDS IDÉAL

VIANNA STIBAL

PUBLISHING

www.w-cooperation.ch

Informations bibliographiques de la bibliothèque nationale d'Allemagne : La bibliothèque nationale allemande a listé cette publication dans la bibliothèque nationale allemande ; des données bibliographiques détaillées sont disponibles sur Internet sur dnb.dnb.de.

Édition :
W-Cooperations GmbH | W-Publishing | Kriessern | Suisse

Production :
Books on Demand GmbH
12-14 Rond Point des Champs Élysées
75008 Paris

ISBN: 978-3-9524610-6-8

Les marques ThetaHealing®, ThetaHealing Institute of Knowledge®, tout comme ThetaHealer® sont en possession de Vianna Stibal, fondatrice du ThetaHealing et propriétaire de Vianna's Nature's Path, et du THInK.

Les informations contenues dans ce livre ne remplacent en aucun cas une consultation médicale, au besoin veuillez consulter un médecin. Toute utilisation des informations contenues dans ce livre est à la discrétion et aux risques du lecteur. Ni l'auteur ni l'éditeur ne peuvent être tenus responsables par des tiers en cas de perte, pour des réclamation ou dommages, causés par l'utilisation, la mauvaise utilisation, en raison des propositions présentées ici, ou en omission d'un avis médical.

Contenu

Introduction

Un jour, alors que je réfléchissais, je me suis dit : « J'ai cette incroyable technique de guérison. Elle m'a aidé avec mes problèmes de cœur. Elle m'a aidé avec une tumeur. Elle m'a aidé un bon nombre de fois avec mes relations, ma famille, mes racines. Qu'est-ce qui me manque au sujet du poids ? » Et c'est à ce moment-là que j'ai eu la réponse divine, qui est venue ainsi : « Vianna, toutes les personnes qui te disent que tu peux perdre du poids sans faire de l'exercice essaient de te vendre quelque chose. Tu dois faire de l'exercice ! » J'ai pris le message comme il est venu et j'ai commencé à faire de l'exercice. Puis, après un certain temps, j'ai eu la suite du message : « Si tu ne peux pas faire de l'exercice tous les jours, ton cerveau doit penser que tu fais de l'exercice quotidiennement ». Je vais donc partager avec toi la façon d'atteindre le poids idéal en changeant tes croyances, en utilisant ton subconscient et le Créateur de tout ce qui est.

COMMENT UTILISER CE LIVRE

Ce livre est le compagnon de mes livres ThetaHealing®, ThetaHealing® avancé et ThetaHealing® maladies et troubles de la santé. Dans ThetaHealing, j'explique étape par étape le processus de lecture, soins, systèmes de croyances, travail sur les sentiments, creusement, travail sur les gènes, et je fournis une introduction sur les plans de l'existence, ainsi que des informations complémentaires pour les débutants. ThetaHealing avancé est un guide approfondi pour le travail sur les croyances, les sentiments, la manière de creuser, et plus de détails sur les plans de l'existence, ainsi que les croyances que je crois essentielles pour l'évolution spirituelle. ThetaHealing maladies et troubles de la santé présente les programmes et les systèmes de croyances que j'ai trouvés et qui sont associés à certaines maladies ou certains troubles, ainsi que les idées intuitives, les remèdes intuitifs et les compléments alimentaires que j'ai trouvés pour les guérir.

Il est nécessaire d'avoir compris le processus expliqué dans ThetaHealing pour pouvoir utiliser ce livre pleinement. Je pense qu'il facilite les guérisons physiques, psychologiques et spirituelles en utilisant l'onde cérébrale Thêta. Lorsque l'on est en état Thêta pur, nous sommes capables de nous connecter au Créateur de tout ce qui est, à travers des prières précises. C'est le Créateur qui nous donne la connaissance fascinante que tu es sur le point de recevoir. Cela a changé ma vie et la vie de beaucoup de personnes.

Si tu n'es pas familier du processus de ThetaHealing et que tu veux prendre part à ce programme, je te suggère de trouver des praticiens ou instructeurs de ThetaHealing dans ta région. Assure-toi qu'ils aient les connaissances nécessaires

et que tu te sentes à l'aise avec eux, et commence une série de travaux sur les croyances. Si tu n'obtiens pas le résultat dont tu as besoin, tu peux changer pour un ThetaHealer plus expérimenté ou même en devenir un toi-même. Lorsqu'une croyance est soignée correctement, on en voit les résultats.

Avec un peu d'étude et de pratique, tout le monde peut trouver son poids idéal – tout le monde qui existe, qui croit en Dieu ou en l'essence du tout ce qui est, qui se trouve dans toute chose. C'est l'exigence absolue avec cette technique : tu dois croire en un Créateur, un Dieu, un Créateur de tout ce qui est. J'ai compris que le Créateur avait plusieurs noms différents : Dieu, Bouddha, Shiva, Dieux, Jésus, Yahvé et Allah, pour n'en nommer que quelques-uns. Le ThetaHealing n'a pas d'affiliation religieuse et accueillera tous les systèmes de croyances. Son procédé n'est pas spécifique à l'âge, au sexe, à la race, la couleur, la croyance ou la religion. Toutes les personnes avec une croyance pure en un Dieu ou au Créateur de tout ce qui est peut y accéder et utiliser les branches de l'arbre du ThetaHealing.

Cependant, prenez note que ce programme n'est peut-être pas fait pour des personnes atteintes d'obésité due à des problèmes de santé spécifiques. Les personnes qui sont médicalement obèses devraient parler à leur médecin avant de commencer des exercices ou un régime. Une personne extrêmement obèse aura besoin d'aide à un niveau supplémentaire et un praticien qualifié devra faire une étude personnalisée. J'aimerais ajouter que je compatis avec les personnes qui ont un surpoids à cause de troubles de la santé, tout comme avec les personnes qui sont en surpoids à cause d'un manque d'exercice.

Ce programme est fait pour ceux qui n'ont pas de problème de santé majeur et qui ne sont pas paresseux, mais qui sont trop occupés pour faire de l'exercice tous les jours. Une partie de ce livre pourra tout de même aider les personnes obèses. Je pense aussi que ce sera bénéfique à tous ceux qui sont en sous-poids à cause de l'anorexie, de la boulimie et d'autres affections psychologiques.

LES ÉTAPES

Il y a cinq étapes dans ce programme et chacune est très importante

1. Système de croyances

La première étape est de faire un travail sur tes croyances, car elles peuvent t'empêcher d'aller vers ton poids idéal. Lorsque tu perds un certain poids, entre 4,5 et 9 kg par exemple, il se peut que tu constates que tu deviens nerveux à l'idée de devenir mince. Il est possible que tu te regardes dans le miroir et que tu commences à paniquer, à avoir peur, à devenir stressé ou bizarre. Tu n'auras peut-être aucune idée de la raison pour laquelle tu as ces sentiments, ni d'où ils viennent. Tu pourras aussi te rappeler le temps où tu faisais tel poids, et des problèmes qui t'envahissaient. Ces croyances et sentiments doivent être stoppés et soignés.

2. Compléments alimentaires

Les compléments alimentaires sont suggérés pour perdre du poids plus facilement. Les principaux sont les omégas 3, le vinaigre de cidre et l'acide alpha-lipoïque.

À chaque fois que tu te disputes avec toi-même sur le fait de prendre des compléments alimentaires, tu te disputes avec des croyances que tu dois soigner.

Tu peux aussi faire un nettoyage des parasites pour t'aider à libérer du poids.

3. La chanson du cœur

La chanson du cœur est vitale pour ce programme. Laisser s'exprimer des programmes génétiques de tes ancêtres à travers des exercices fera une grande différence dans la manière dont tu te sens et te permettra d'être plus léger, et pas seulement physiquement.

Il est intéressant de constater que c'est un des processus que les gens essaient d'éviter. Ils sont peut-être effrayés par le chagrin, par ce qu'ils trouveront ou trouvent l'idée trop lourde à porter. Cependant, il est vital d'effectuer cet exercice pour commencer à libérer du poids.

4. Bénir et diminuer

Bénir la nourriture et moins manger est très important. Reconnaître que la nourriture n'est pas un ennemi, mais un ami.

5. S'entraîner sans entraînement

Nous vivons dans un corps humain qui a besoin de faire de l'exercice. C'est un fait. Cependant, à la dernière étape de ce programme, je révélerai un secret : un moyen de faire de l'exercice sans avoir besoin de faire (beaucoup) d'exercice.

Tu dois faire un peu d'entraînement, mais l'astuce est de faire croire à ton subconscient que tu en fais beaucoup. Quel moyen amusant de perdre du poids – que de laisser ton esprit le faire pour toi !

Quand tu n'as plus besoin de combattre ton poids, cela rend la vie beaucoup plus simple. Alors, laisse une chance à ce programme et regarde ce qui arrive. Beaucoup de praticiens de ThetaHealing ont eu de bons résultats avec ce programme, les courriels que j'ai reçus peuvent en attester.

Un des résultats les plus intéressants a été que les personnes qui ont commencé ce programme en étant en sous-poids se sont senties mieux dans tous les domaines de leur vie après l'avoir utilisé. Il semble que ce soit un bon moyen pour travailler avec des personnes souffrant d'anorexie ou de boulimie, parce que quand elles font de l'exercice, elles ne se sentent pas seulement mieux, mais elles sentent aussi qu'elles contrôlent à nouveau leur vie, et le contrôle et la structure sont très importants pour ces personnes.

Prends note que même si je partage ces informations avec toi, je décline toute responsabilité quant aux modifications qui peuvent découler de son utilisation. C'est ta responsabilité, une responsabilité que tu assumes quand tu comprends que tu as le pouvoir de changer ta vie et la vie des autres.

1

UN CORPS MAGNIFIQUE

La première chose que tu devrais savoir est que je pense que tout le monde est beau. Nous sommes tous parfaits, chacun de notre propre manière. Mais si tu ne te sens pas à l'aise avec ton poids, je vais te montrer ce qu'il faut faire pour être à l'aise avec toi-même et devenir la personne que tu veux être.

À de nombreuses reprises dans ma propre vie, je ne me suis pas sentie à l'aise avec mon poids. Lorsque j'étais au collège, j'étais grande et mince et les gens se moquaient de moi. Puis je me suis mariée et j'ai eu trois enfants, j'ai donc pris du poids, mais j'en ai reperdu, jusqu'à un poids acceptable, après ma dernière grossesse. Quand je m'entraînais pour devenir agent de sécurité, j'étais en forme. Mais après les cours, j'ai eu un emploi dans la sécurité avec des horaires irréguliers et c'était devenu difficile de trouver du temps pour aller courir.

C'était un miracle que je puisse tout de même courir, parce que ma jambe commençait à enfler par intermittence, deux ans avant mon entraînement pour la sécurité nucléaire. Les années suivantes, elle continua d'enfler par période, et cela mit également un frein à la course. Lorsque j'en suis arrivée au point de ne même plus pouvoir marcher avec cette jambe, un cancer a été diagnostiqué. D'août 1995 au printemps 1996, j'ai presque perdu ma jambe et la vie. Après cela, j'ai pris du poids, comme beaucoup de personnes en situation de stress, mais mon surpoids n'était pas important. Cependant, j'ai développé la peur que si je redevenais mince, j'aurais de nouveau un cancer, alors j'ai gardé ce surpoids. J'ai dû travailler sur cette peur.

Puis, en 1997, la fatigue d'une relation compliquée, un divorce, des soucis avec les enfants et le fait de travailler 16 heures par jour ont fait ressortir des effets négatifs. Je me suis épuisée. J'ai eu une pneumonie, et cela a redéclenché mon asthme infantile. L'année suivante, lorsque j'ai commencé à voyager pour enseigner, j'ai remarqué que les cabines d'avions contenaient moins d'oxygène que l'air normal, et, puisque je n'avais pas une capacité pulmonaire normale, à cause de mon asthme, j'ai commencé à prendre de la prednisone pour m'aider à respirer lors des vols. J'ai diminué les médicaments par la suite, mais l'effet secondaire fut que je prenais du poids. En six mois, j'avais ainsi pris 32 kg. Je ne me sentais pas bien avec ce poids et mon corps était aussi un peu déséquilibré à cause de tous les voyages que je faisais. C'était horrible de voir mes vêtements sauter de taille en taille, en augmentation constante. Je n'avais jamais dû par le passé faire face à ce genre de situation dans ma vie.

Il ne faut pas se méprendre – je ne suis pas contre les médecins à cause de cette expérience. Les médecins que j'ai consultés faisaient de leur mieux pour moi, et je sais que la médecine conventionnelle a ses moments brillants. Cependant, même si je n'ai utilisé la prednisone que pendant un laps de temps relativement court, je me suis presque tuée. Je devais trouver un autre moyen pour me soigner.

C'est à cette période que j'ai commencé à noter une différence dans la façon dont les autres me traitaient. Lorsque j'étais plus mince, j'allais dans un magasin et les assistants me servaient avec courtoisie. Maintenant que j'étais plus lourde, bouffie et gonflée, ils me traitaient avec un dédain particulier. Il y en avait même qui me demandaient si j'étais enceinte !

Je n'aimais pas la façon dont j'étais traitée ou la façon dont j'étais perçue. Ce n'était pas correct ! Je n'étais pas enceinte, et je ne mangeais pas trop non plus. Les gens pensaient que je mangeais beaucoup, mais je ne mangeais en fait que très peu.

C'était également intéressant d'enseigner le ThetaHealing. Avec quelques personnes (pour la plupart des femmes), le fait que j'étais lourde rendait les choses plus faciles, parce qu'elles sentaient que je n'étais pas, en quelque sorte, en compétition avec elles. D'autres personnes, cependant, me regardaient d'un œil critique. Et il y avait toujours une personne étrange, qui n'avait pas travaillé sur ses propres soucis, et qui me demandait directement : « pourquoi n'es-tu pas mince ? » J'ai découvert qu'il y avait plusieurs motifs à ce genre de « franc-parler », allant de la curiosité et de la concurrence à la simple méchanceté.

Très franchement, il était facile pour moi de dire « les enseignants spirituels peuvent être de la forme qu'ils veulent être ». Je considère que chacun est particulier dans sa propre façon d'être. Je pense que les gens du monde entier ont différentes formes de corps, et qu'ils sont tous beaux. Je regarde les gens avec un point de vue artistique : comme si je devais les peindre. Je pense qu'une personne ne devrait perdre du poids que lorsque j'effectue une lecture et que des soucis de santé se manifestent à cause de son poids.

À cette époque, je donnais un cours en Australie, et à la fin du premier jour, un des étudiants vint vers moi. Il était fait comme un haltérophile et n'avait pas de poids en trop. Il a dit : « Vous n'avez pas besoin de répondre à ma question tout de suite, mais je voudrais savoir comment vous pouvez donner un cours de guérison et être si grosse. »

Cela me blessa, et après le cours, je racontai rapidement à Guy, mon mari, ce que ce monsieur avait dit. Cela fit ressortir nos soucis, et Guy était très énervé contre ce monsieur, mais il se retint de lui dire quelque chose parce que le Créateur de tout ce qui est m'avait dit de ne pas réagir et d'attendre.

Le matin suivant, le jeune homme vint à nouveau vers moi et dit : « Avez-vous une réponse à ma question ? »

Ce fut une bonne chose que Dieu était avec moi, car sinon ma réponse aurait été différente de celle que j'ai donnée, qui était : « Pourquoi veux-tu le savoir ? »

Il a dit : « Parce que j'étais gros. J'ai toujours été gros – toute ma vie. Les gens se moquaient de moi où que j'allais, peu importe ce que je faisais, et je détestais ça. Je devais faire quelque chose. Au début, j'ai failli mourir parce que j'ai arrêté de manger,

et après j'ai commencé à faire de l'exercice et j'ai perdu du poids. Mais vous savez, encore maintenant, lorsque j'entre dans une pièce pleine de gens, je me sens toujours gros ; quoi que je fasse, je ne peux pas faire disparaître ce sentiment. Et vous pouvez vous tenir debout en face d'un groupe de personnes et leur enseigner l'énergie de la guérison sans être complexée. Je voudrais savoir ce que je dois faire pour être comme ça. »

Si j'avais réagi avec ma première façon de penser, je n'aurais pas entendu le message inspirant qu'il m'a donné. Cela a nourri mes idées à de nombreux niveaux.

INCITATION À L'EXERCICE

Quand tu es en surpoids, tu auras toujours « l'incitation à l'exercice ». Une personne qui arrive inopinément et qui dit : « Tu dois perdre du poids – va faire de l'exercice ! »

Je ne suis pas une personne paresseuse, et la plupart d'entre vous ne le sont pas non plus. Nous sommes juste occupées, des personnes qui mènent des vies complexes et qui trouvent difficile de trouver du temps pour faire de l'exercice comme nous devrions le faire.

Alors, que pouvons-nous faire lorsque nous sommes en face de cette personne arrivée inopinément ? On peut toujours dire : « OK, quand puis-je mettre de l'exercice dans mon emploi du temps ? »

Mais cette personne pourra ensuite rétorquer : « Trouve du temps pour le mettre dans ton emploi du temps ! »

« OK, je pourrais sûrement mettre de l'exercice dans mon emploi du temps à trois heures du matin ! »

Cette conversation est frustrante, puisque l'interlocuteur est obtus, il ne sait rien de toi ni de la vie que tu mènes.

Les voyages en avion, par exemple, ne sont jamais bons pour perdre du poids, et la nourriture des restaurants non plus. Même 30 minutes d'aérobic, c'est difficile à trois heures du matin, à la fin d'un long vol ou après une journée pleine à craquer de cours, de soins ou de rendez-vous d'affaires. Néanmoins, tu auras l'« incitation à l'exercice » de quelqu'un !

C'était particulièrement frustrant pour moi, puisque même lorsque j'étais au plus lourd, j'étais toujours plus résistante que la plupart des gens, et ils trouvaient qu'il était dur de me suivre ; ceux qui ont voyagé avec moi l'ont vite découvert.

Pour d'autres, particulièrement les obèses, il est difficile de faire de l'exercice ; parfois, même respirer est difficile, tout comme bouger sans tomber ou se blesser, à cause du poids.

Soyons clairs : l'incitation à l'exercice ne fait vraiment pas de bien…

LA PERCEPTION DE LA SOCIÉTÉ

La plupart des personnes ne sont pas conscientes de la variété de raisons qui se trouvent derrière la prise de poids ; quelques-unes d'entre elles n'ont que peu ou pas de rapport avec le manque d'exercice ou le fait de trop manger.

Raisons médicales à la prise de poids

Les problèmes de thyroïde, tout comme les troubles psychologiques, peuvent causer l'obésité, et quelques cas sont causés par les gènes, des troubles endocriniens, et la résistance

à l'insuline. Certains médicaments causent l'obésité, comme la prednisone, comme j'ai pu le découvrir. Ce qui suit est une liste de médicaments prescrits qui peuvent causer une prise de poids chez certaines personnes :

- Antidépresseurs (inhibiteurs MAO)

- Médicaments anti-brûlures d'estomac : Nexium, Prevacid (peuvent aussi causer une perte de poids chez certaines personnes)

- Antipsychotiques : Absenor, Chlorpromizine, Ergenyl, Orfilir, Paxil, Zyprexa

- Médicaments contre les crampes : Depakote, Valproate

- Bêtabloquants (contre l'hypertension) : Cardura, Inderal

- Médicaments contre le cancer du sein : Nolvadex, Tamoxifen

- Cortisone et prednisone (utilisée pour les rhumatismes et les allergies)

- Œstrogènes : Follimin, Follinett, Neovletta

- Insuline pour le diabète de type 2 : Actrapid, Humulin, Insulatard

- Lithium : pour les troubles bipolaires

- Médicaments contre la migraine : Ergenyl, Sandomigrin, Trypizol

- Stabilisateurs d'humeurs : Cipramil, Elavil, Sertralin, Tofranil, Xeroxat, Zoloft

- Médicaments contre les rhumatismes : Enbrel, Etanercept

Cette information n'est pas faite pour t'alarmer ! Beaucoup de personnes ne prennent pas de poids à cause de leurs médicaments. Cependant, les praticiens de la médecine conventionnelle ont admis que certaines personnes prennent du poids après avoir utilisé certains médicaments. Ce n'est pas une raison pour arrêter de prendre un médicament – c'est un choix dont tu devrais discuter avec ton médecin. Il y a d'autres choses qui peuvent causer une prise de poids, comme les gènes et le système de croyances d'une personne. Nous verrons cela plus en détail par la suite.

Surpoids vs obésité

Tout d'abord, une explication sur ces termes, puisque j'ai remarqué qu'il y avait quelques confusions. Être obèse signifie avoir trop de graisses par rapport à la peau, à la différence du surpoids, qui est de peser trop par rapport à sa taille (terme souvent défini par les sociétés d'assurance maladie qui veulent augmenter les cotisations). Dans ce cas, le poids peut aussi être dû aux muscles, aux os, à la graisse et/ou à l'eau.

Ces deux termes, de toute façon, signifient qu'une personne est trop lourde par rapport à ce qui est considéré comme sain pour sa taille, son âge, etc.

Chez la plupart des gens, l'obésité se développe avec le temps quand on consomme plus de calories que l'on en dépense.

La balance entre les calories que l'on consomme et celles que l'on dépense est différente pour chaque personne. Les facteurs qui causent l'obésité incluent la génétique, la sur-alimentation, l'absorption d'aliments trop caloriques, et le manque d'activités physiques. L'obésité augmente le risque de diabète, de problèmes de cœur, d'accidents vasculaires, d'arthrite et de certains cancers. C'est pourquoi il est bon pour les personnes obèses de commencer avec des exercices simples comme la marche, le rameur ou le vélo d'appartement, à un rythme lent.

Malheureusement quand une personne commence à faire de l'exercice après une longue période d'abstinence, l'exercice va libérer des toxines qui étaient stockées dans les tissus. Il se peut que la personne se sente affreusement mal jusqu'à ce que les toxines soient parties. C'est pourquoi il est toujours mieux de commencer des exercices de régime lentement – et c'est pourquoi nous en sommes arrivés à un nouveau programme d'entraînement sans s'entraîner (voir chapitre 7).

La stigmatisation du surpoids

Comme je l'ai découvert, dans la société occidentale, il y a une vraie stigmatisation attachée au fait d'être en surpoids ou obèse. C'est devenu une attitude étendue, même à l'encontre de personnes modérément en surpoids.

La plupart de ces stigmatisations est venue des médias modernes, qui utilisent les mannequins et les culturistes pour tout promouvoir, des vêtements aux voitures. Cette prolifération du « corps parfait » a créé une fausse idée – cependant c'est à cette idée que beaucoup de gens se comparent, eux-mêmes et les autres. Le résultat de ces croyances populaires est que beaucoup de personnes pensent devoir perdre du poids alors

qu'elles n'en ont pas du tout besoin et qu'elles sont magnifiques comme elles sont.

C'est également une vision très contemporaine. Dans le passé, être gros était vu comme une bonne chose, parce que dans l'ancien temps, nous stockions de la graisse pour les périodes maigres, quand la nourriture n'était pas abondante, ou lorsque l'on tombait malade. Il était bénéfique que les réserves de graisse soient là quand on en avait besoin. Faire des réserves de graisse était un plus et pouvait nous sauver la vie. Cela pouvait même être considéré avec une certaine envie.

Ces associations d'idées ont persisté et, plus tard dans l'histoire, être gros était considéré comme un symbole de santé et de fertilité, comme ça l'est toujours dans certaines parties du monde. J'ai voyagé dans des pays où les gens ne pensent pas qu'il faille être super-mince, et j'ai voyagé dans des pays où ils le pensent.

En Californie, plus tu te rapproches de Beverly Hills, plus les femmes deviennent blondes, avec de grosses poitrines, et minces. Elles doivent toutes avoir un corps « parfait ».

Un jour, lorsque je suis allée donner un cours en Californie, j'ai remarqué que mes ongles des mains n'étaient pas faits, et mes ongles des pieds non plus. Avec ma petite fille, nous avions toujours du plaisir à peindre mes orteils et je ne voulais pas renoncer à ce plaisir pour ce cours, mais les femmes – toutes blondes, avec un maquillage parfait – sont devenues folles juste à cause de l'apparence de mes pieds et ont envoyé un pédicure dans ma chambre pour les soigner et appliquer du vernis.

Néanmoins, j'ai découvert, en commençant des séances personnelles avec quelques-unes de ces femmes après le cours,

qu'elles n'étaient pas aussi sûres d'elles qu'elles semblaient l'être. J'ai travaillé sur les systèmes de croyances avec quelques-unes et j'ai découvert que même si elles étaient incroyablement attirantes, elles pensaient toujours qu'elles n'étaient pas assez belles. Beaucoup d'entre elles avaient bénéficié du botox, de la chirurgie esthétique, de colorations, d'implants mammaires, de liposuccion, de manucure, de maquillage, et de tout ce qui est à la mode, mais elles étaient encore incapables d'accepter leur propre beauté, intérieure et extérieure. J'ai remarqué qu'il était très difficile de travailler avec quelqu'un dont l'apparence semble parfaite aux autres (et à moi) quand elles croient qu'elles ne sont pas belles et qu'elles sont constamment et compulsivement en train de lutter, même pour la plus petite amélioration. Pour moi, « la perfection » extérieure n'est pas nécessaire, c'est notre caractère qui nous définit.

Une partie de cette tendance contemporaine à être mince vient des top-modèles de France. Par le passé, les stylistes français engageaient des femmes voluptueuses, avec des poitrines généreuses et bien en chair pour porter leurs vêtements. Le problème était que tout le monde était plus concentré sur les femmes voluptueuses présentant les vêtements que sur les habits eux-mêmes. Les designers ont donc eu la brillante idée d'engager de belles femmes, mais émaciées, pour porter leurs vêtements, afin que les gens portent de l'attention aux habits, et pas aux modèles. Malheureusement, les femmes qui regardaient ces modèles filiformes se pavaner sur les podiums ont toutes commencé à penser que c'est ce que les gens voulaient voir, et une grande partie de la population occidentale a commencé à penser qu'elle devait être super-mince pour être belle.

Il y a tant d'idées de la beauté… Il y a plusieurs années, j'ai décidé que je voulais devenir culturiste. Je pensais qu'un culturiste s'appelant Vianna serait une chose amusante – et puis j'ai découvert qu'il y avait déjà une célèbre culturiste qui s'appelait Vianna ! J'ai regardé des photos d'elle. Tous ces muscles ! Malgré tout, j'ai trouvé qu'elle était belle, et c'est à ce moment que j'ai décidé que je ne voulais pas devenir culturiste finalement.

LE RÔLE DE LA GÉNÉTIQUE

Évidemment, les gènes jouent aussi un rôle dans notre poids. Si je vais au Japon, je verrai des gens très minces, parce qu'ils sont comme ça génétiquement. Si je vais à Hawaï, où les Polynésiens ont nagé dans l'eau froide de l'océan pendant des siècles, je verrai des gens forts, mais lourds. Ils ont plus de graisse, étant donné l'endroit où ils vivent et ce que leurs ancêtres ont fait dans le passé. Si je vais dans des pays plus froids, je verrai des gens plus grands et plus lourds. Tu peux voir cela si tu vas dans les climats nordiques : les hommes sont plus grands et les femmes plus lourdes.

Parfois, la taille que tu as à cause de tes gènes n'est pas la taille que tu voudrais avoir. Certaines cultures ont aussi des styles de corps différents d'autres. Tout cela relève de leurs gènes et de leurs croyances génétiques.

Ce qui est sain pour toi d'un point de vue génétique n'est peut-être pas ce que tu veux être ou comment tu veux paraître. Mais tu dois comprendre que la forme de ton corps t'est particulière. Ton but devrait être de devenir sain et fort, et plein de ta beauté particulière.

Après plusieurs années à avoir été en surpoids, j'ai commencé à travailler pour revenir à mon poids optimal en utilisant des exercices et le ThetaHealing, afin de redevenir à l'aise avec moi-même. J'ai découvert que cette combinaison donnait des résultats incroyables quand je l'utilisais. Regarde comment elle peut avoir des résultats incroyables sur toi aussi !

2

PETITS RAPPELS SUR LES SYSTÈMES DE CROYANCES

Les systèmes de croyances sont une partie essentielle du ThetaHealing. C'est une partie qui peut être facilement interprétée et comprise d'un point de vue psychologique. C'est un moyen d'ouvrir une porte directe dans notre subconscient, pour y créer des changements.

En observant les personnes durant les sessions de travail sur les croyances, il m'a semblé qu'il y avait une bulle de protection autour de l'océan de l'inconscient – du moins chez certaines personnes. Ce champ de protection est créé par un processus naturel afin que le disque dur de l'inconscient puisse nous isoler de la douleur, ou de ce qui est perçu comme étant douloureux pour nous ; nous devons tenter de changer ce que le ThetaHealing appelle un « programme ».

PROGRAMMES

Notre cerveau travaille comme un super-ordinateur biologique, en évaluant des informations et en y répondant. La façon dont nous réagissons à une expérience dépend de l'information qui est donnée à l'inconscient et de la manière dont elle est reçue et interprétée. Quand une croyance a été acceptée comme étant vraie par l'inconscient, elle devient un « programme ».

Les programmes peuvent être formés pendant toute une vie, ou ils peuvent ressortir de l'enfance. Quand nous sommes enfants, par exemple, nos expériences des changements peuvent nous apprendre qu'ils peuvent être douloureux, même dangereux. Par exemple, il peut être traumatisant de changer d'école. Si l'on ne veut pas que des changements aient lieu, par exemple que nos parents divorcent ou qu'un membre de la famille meure, une bulle peut commencer à se former autour de notre inconscient, comme un moyen de nous isoler de la souffrance. Lorsque nous grandissons, les changements et les évolutions (tels qu'ils sont perçus dans la mentalité occidentale) sont également perçus comme étant douloureux. Lorsque nous changeons de travail, perdons un amoureux, ou avec la progression en âge de notre corps, notre perception du changement peut devenir de plus en plus négative. C'est pourquoi, lorsque nous grandissons, il devient de plus en plus difficile de faire des changements, car ils pourraient être douloureux pour nous. La bulle reste en place et les couches de protection deviennent de plus en plus épaisses. Les systèmes de croyances sont un moyen de percer ces couches jusqu'à l'inconscient, pour permettre des changements sans avoir besoin de créer ou recréer de la souffrance.

Les programmes peuvent être à notre avantage comme à notre détriment, cela dépend de leur nature et de notre façon de réagir. Beaucoup nous empêchent d'effectuer des changements positifs et nous n'en sommes même pas conscients.

Pour prendre un autre exemple, beaucoup de personnes vivent presque toute leur vie avec un programme caché assurant qu'elles ne peuvent pas réussir. Même si elles ont beaucoup de succès pendant plusieurs années, elles peuvent d'un coup

perdre tout ce qu'elles possèdent ou faire quelque chose pour se saboter à cause de ce programme caché. Elles ne comprennent pas qu'il y a des programmes cachés profondément en elles, qui sont là depuis leur enfance, flottant dans l'inconscient, attendant juste l'opportunité d'être réinsérés dans la réalité.

Les systèmes de croyances nous donnent la possibilité de déplacer ces programmes négatifs et de les remplacer avec des positifs. Cela fonctionne grâce à la perception que nous pouvons créer des changements grâce à l'une des forces les plus puissantes de l'univers : l'énergie des particules subatomiques.

APPROFONDIR

Un des moyens pour rendre un praticien de ThetaHealing plus efficace dans les sessions personnelles est d'utiliser le moyen que l'on appelle « approfondir ». Approfondir est un test énergétique pour les croyances de fond, qui sont la base de beaucoup d'autres croyances. Le praticien a l'opportunité de jouer le rôle d'inspecteur privé à la recherche des soucis émotionnels qui sont les racines d'autres croyances. Lorsque le praticien teste énergétiquement la personne, les déclarations qu'elle donnera donneront des indices sur la croyance clé.

Il est utile de visualiser le système de croyances comme une tour composée de blocs. Le bloc de base est la croyance clé qui maintient toutes les autres croyances. On peut gagner beaucoup de temps de recherche en soignant sa croyance clé.

Comment déterminer la croyance clé

- Commence par demander à la personne : « Si tu pouvais changer quelque chose dans ta vie, qu'est-ce que cela serait ? » Le problème sera alors à portée de main.

- Pose des questions se rapportant à ce problème. Continue à poser des questions jusqu'à ce que tu atteignes le problème de fond. Tu sauras que tu es proche de la croyance clé quand la personne commencera à devenir verbalement défensive, qu'elle se mettra à bouger ou pleurera, à cause d'une tentative inconsciente de conserver le programme. Extirpe, annule, envoie vers la lumière de Dieu et remplace ce programme, par celui déterminé, sur tous les plans où tu l'as trouvé. Les questions clés à poser sont « qui ? », « quoi ? », « où ? » et « comment ? ».

- Évite d'utiliser tes propres programmes ou sentiments dans le processus d'investigation.

- Assure-toi d'être bien connecté à la perspective du Créateur des sept plans lorsque tu es dans l'espace de la personne, parce qu'à certains moments, les problèmes vont tourner en boucle, se cacher ou te mener en bateau avec le scénario questions-réponses. Sois patient et persistant avec la personne

> pour trouver le programme le plus profond. Il sera peut-être nécessaire de demander au Créateur ce que c'est. Demande : « Quelle croyance clé maintient ce système de croyances intact ? »

Lorsque tu es dans le processus de recherche d'une croyance clé, celle-ci doit être trouvée avant la fin de la session ou la personne pourra subir une crise. Ne quitte pas cette personne avant que le travail sur le système de croyances soit complet, et regarde de plus près si tu perçois des signes de malaise. Si les personnes ne se sentent pas bien ou n'agissent pas de façon stable, ou si elles ressentent une douleur ou un chagrin, alors leurs soucis ne sont pas encore pris en charge et il faut continuer le travail sur les croyances.

Lorsque les clients subissent des douleurs physiques inexplicables pendant une session, c'est que tu es en train d'atteindre les programmes profonds de l'inconscient. Cela veut dire que tu es en train de toucher différents systèmes de croyances pour lesquels l'inconscient se bat afin de les garder. Avec la permission des clients, demande-leur de télécharger ce que c'est que de se sentir en sécurité. Continue la session jusqu'à ce que la douleur ait disparu, que la personne soit à l'aise et qu'elle ait un comportement paisible.

Dans la plupart des cas, l'approfondissement doit précéder l'insertion de nouveaux sentiments ou le relâchement de programmes. La première chose que nous devons comprendre est quelle connexion neuronale nous devons changer, et creuser nous amène à la réalisation de ce que c'est exactement.

Ce processus est simple ! Tout ce que tu dois faire est de demander « qui ? », « quoi ? », « où ? », « pourquoi ? », et « comment ? ». L'esprit du client fera le travail d'approfondissement pour toi, accédant à des informations comme un ordinateur, et te donnera les réponses à chaque question. Si les personnes semblent ne pas trouver de réponse, ce n'est que temporaire. Change la question en passant de « Pourquoi ? » à « Comment ? ». S'il n'y a toujours pas de réponse, interroge-toi : si tu savais la réponse, ce serait quoi ? Avec un peu de pratique, tu apprendras comment accéder à l'habileté de l'esprit pour trouver les réponses.

À chaque instant pendant le processus, le Créateur peut venir à toi et te donner la croyance clé que tu cherches, alors sois ouvert à l'intervention divine.

Il faut toujours que tu trouves à quoi sert la croyance de fond pour les personnes et ce qu'elles en ont appris. Il y a généralement un aspect positif à la plupart des croyances de fond. Par exemple, « si je suis en surpoids, mes sentiments sont en sécurité », ou « si je suis en surpoids, mes sentiments les plus profonds seront cachés ». Notre esprit fait toujours de son mieux pour nous protéger de la souffrance.

Dans mes premier et deuxième livres, je présentais comment creuser jusqu'à la croyance profonde par un chemin profond et compréhensible, alors consulte-les si tu as besoin de plus d'informations. Il y a aussi des exemples de systèmes de croyances dans les chapitres suivants. Rappelle-toi qu'approfondir ne veut pas dire demander au Créateur ce qu'il faut changer et rien de plus ; cela implique une discussion avec ton client, jusqu'à ce que le simple fait de parler de ce thème le libérera d'une partie de ses problèmes. Cela sortira, en effet,

le programme dans la lumière de l'esprit conscient, pour être envoyé dans la lumière de Dieu spontanément.

ENVOYER DANS LA LUMIÈRE DE DIEU ET REMPLACER DES PROGRAMMES

Il est toujours préférable de trouver le programme profond d'un client, de l'extirper et de le remplacer avant la fin de la session. Assure-toi de travailler sur les sentiments pendant ta session, puisque l'insertion de sentiments, dans tous les cas, accélérera le processus de localisation du programme profond.

Dès que tu as trouvé le programme clé, demande au Créateur de l'envoyer vers la lumière de Dieu, de le remplacer, ou simplement d'effacer quelques-uns de ses aspects. Ne remplace jamais un programme sans discernement – demande toujours au Créateur. Ce qui, au premier abord, peut sembler être un programme négatif peut en fait être bénéfique. Les programmes ne doivent pas être envoyés vers la lumière de Dieu au hasard.

Une fois que tu as modifié la croyance, demande à la personne ce qu'elle a appris avec le programme que tu as remplacé et à quelle occasion elle a adopté ce programme. Comprendre pourquoi les gens ont des programmes qui ne sont pas là pour le meilleur les aidera à éviter de récréer la même énergie.

Puis, tu dois t'assurer que tu as changé tous les modèles associés qui pourraient interférer avec le nouveau concept. Rappelle-toi que les vies passées et les gènes peuvent aussi bloquer l'insertion d'une croyance.

La clé est l'interaction entre le client et le praticien, mais le client ne doit pas trop se concentrer sur l'idée que son cerveau

est reprogrammé, ou que l'inconscient essaie de remplacer un nouveau programme avec l'ancien.

Apprendre à l'inconscient de nouvelles actions n'est pas une nouvelle idée de ma part. Toute une variété de processus pour changer l'inconscient est disponible, comme lire la même chose pendant 30 jours. En ThetaHealing, nous pensons que les changements peuvent être instantanés. Les croyances sont extirpées, envoyées vers la lumière de Dieu et remplacées par de nouveaux programmes et sentiments du Créateur.

Les résultats peuvent être incroyables. Nous pensons qu'en utilisant le système de croyances et le travail sur les sentiments, il est possible d'effectuer des changements physiques sur le corps, et les troubles de la santé peuvent disparaître. J'ai également vu beaucoup de vies changer en téléchargeant simplement des sentiments du Créateur. Dans tous les cas, si tu insères les sentiments permettant à une personne de savoir comment vivre joyeusement, les cellules vont s'ouvrir au bonheur, et la personne agira différemment à partir de ce moment-là.

(Il y a des exemples de travail sur les systèmes de croyances dans le chapitre suivant. Pour plus d'informations sur le travail des croyances et des sentiments, réfère-toi au livre *ThetaHealing* et *ThetaHealing avancé*.)

3

Libérer du poids –
Étape 1 :
Système de croyances

Au début, je voulais libérer du poids uniquement avec le travail sur les systèmes de croyances. Mais, j'ai trouvé qu'il était difficile d'obtenir des résultats parce que le poids traverse beaucoup de couches de croyances. J'ai découvert que je devais suivre d'autres étapes pour réussir. Cependant, les systèmes de croyances ont été le guide lumineux dont j'avais besoin et sont toujours la première étape.

La première fois que j'ai donné un cours sur la perte de poids à certains de mes anciens étudiants, j'ai remarqué à quel point le travail sur le système de croyances était important. J'avais tout juste commencé à expliquer la structure du cours lorsque l'un de mes étudiants (qui était plutôt costaud) a dit catégoriquement : « Cela ne marchera pas ! »

Si tu crois que quelque chose ne fonctionnera pas avant même d'avoir essayé, alors un travail sur le système de croyances est nécessaire. Cet étudiant avait évidemment des problèmes avec le changement et le fait de perdre du poids. C'est compréhensible, puisque nous nous sentons à l'aise avec la façon dont les choses sont, et d'être dans notre peau. Franchement, changer notre apparence est écrasant pour certains d'entre nous. Mais une faible estime de soi ne nous empêchera pas de libérer du poids ; c'est *la peur* qui est le vrai problème.

Croyance sur le poids

Lorsque je faisais des lectures et des soins sur des personnes qui étaient en surpoids, j'ai appris beaucoup sur leur maniérisme, grâce à ce qu'elles disaient, et en observant leur système de croyances en entier. Les idées commençaient à s'éclaircir. J'ai remarqué que beaucoup de gens qui étaient en surpoids (au point de les en rendre malades) avaient tendance à être arrogants et querelleurs à cause de la pression de leur surpoids sur leur cœur. Ils avaient tendance à être critiques envers les autres (particulièrement envers ceux qui étaient en surpoids), et une grande partie avait tendance à être en colère contre le monde entier. D'autres étaient pleins d'un chagrin qu'ils ne pouvaient définir. Nous devons comprendre que ces émotions sont causées par le déséquilibre des organes, comme le foie et les reins, sans oublier les facteurs liés à la perception de soi et aux commentaires sarcastiques des autres.

Lorsque l'on en vient aux croyances, les gens sont en surpoids pour beaucoup de raisons différentes. Voici les trois raisons les plus communes que j'ai trouvées :

1. La raison principale pour laquelle les gens sont en surpoids est qu'ils ont l'impression qu'ils doivent l'être, car tous les autres membres de leur famille sont soit en surpoids, soit obèses.

2. La seconde raison principale est la croyance que s'ils sont en surpoids, ils sont en sécurité et protégés. Assure-toi d'envoyer vers la lumière de Dieu le programme « je suis une victime » pour ces personnes.

3. La troisième raison principale est qu'ils ont ce qu'on appelle « le gène du surpoids », ce qui est un système de croyances intéressant en soi. Pour nos ancêtres, être costaud était souvent un signe de santé, de pouvoir et de prospérité. Teste énergétiquement la croyance que le fait d'être en surpoids permet d'être puissant et sûr.

Les personnes en surpoids ou obèses peuvent développer toutes sortes de systèmes de croyances qui sont autant de défis à surmonter. Certains pensent qu'être en surpoids n'est pas de leur faute et jouent au « jeu des reproches ». Certains sont en surpoids pour faire plaisir, de façon inconsciente, à leur époux. Beaucoup de gens, hommes ou femmes, pensent que si leur conjoint est un peu en surpoids, personne ne s'intéressera à lui, et qu'il ne pourra pas partir avec quelqu'un d'autre ; alors le conjoint devient gros pour que l'autre soit rassuré. Soit dit en passant, cela n'empêche pas les gens de partir avec quelqu'un d'autre. J'ai vu des gens en surpoids arrêter une relation amoureuse aussi souvent que les autres. J'ai découvert, toutefois, qu'un bon nombre de femmes pensent que si elles sont en surpoids, elles ne tromperont pas leur conjoint.

Moi-même, mariée à Guy, j'avais peur de devenir mince. La première fois que je l'ai rencontré, il m'a dit qu'il aimait les femmes avec un peu de viande sur les os. Et, mon Dieu ! j'en ai ajouté, de la viande ! Je n'avais pas peur que ce poids vienne perturber ma relation. D'un autre côté, quand j'ai commencé à faire de l'exercice et à perdre du poids, la peur d'être mince a fait surface. Alors, j'ai écrit quelques-unes de mes croyances pendant mes sessions, et celles qui sont apparues quand j'ai commencé à faire de l'exercice seront utiles à d'autres.

Je pense que la plupart des personnes échouent dans la recherche de leur poids parfait à cause de croyances qui bloquent le processus. Un bon moyen pour s'en sortir est de faire la liste des croyances, de les effacer, et ensuite d'effacer toutes les croyances qui arrivent pendant le processus.

J'ai été surprise par les croyances qui sont arrivées quand j'ai commencé à revenir à mon poids normal. Ce qui s'est passé est que je me suis bien entraînée pendant deux mois, puis je n'avais plus envie de continuer. C'est à ce moment-là que les problèmes ont commencé. Peut-être que je perdais trop rapidement – à chaque kilo perdu, de vieux sentiments faisaient surface, et de nouveaux aussi. C'en était trop, et c'est pour cela que je ne voulais pas continuer le processus. C'est à ce moment-là qu'il était nécessaire de faire le travail du système de croyances sur moi.

Étant donné ce qui m'était arrivé par le passé, je m'attendais à devoir extirper de la rancœur. Une femme qui était rentrée chez elle après un de mes cours en Australie extirpa toutes ses rancunes (pendant qu'elle était dans la baignoire) et elle a perdu deux tailles de pantalon. Puis, j'ai donné un cours dans l'Utah sur le fait que libérer des rancunes peut faire perdre du poids, et une autre femme a perdu deux tailles de pantalon de la même façon. J'ai fait la même chose et je n'ai rien perdu. Mes problèmes n'étaient en fait pas des rancunes, mais quelque chose d'autre, des générations de tristesse et de chagrins. Dans ce livre, il y a des exemples de croyances qui peuvent te bloquer, pas seulement pour trouver ton poids idéal, mais aussi pour devenir beau et fort.

Avec le travail sur le système de croyances pour libérer du poids, il faut éviter de programmer les gens (ou toi-même) pour perdre du poids, parce que si tu le fais, ils attendront avec impatience et le reprendront.

Il est aussi important de libérer les personnes en surpoids du jugement que les autres font d'elles. Ces jugements peuvent rendre les personnes dépressives, surtout si elles sont profondément intuitives. Programme-les ainsi : « Chaque morceau de nourriture que je mange est plein d'amour et je suis facilement rassasiée. »

Regarde également les niveaux historiques et génétiques : si la personne a le programme « poids égale richesse » et si elle a un problème avec le pouvoir ou la sécurité. Avec les femmes en particulier, beaucoup de problèmes auxquels tu vas faire face vont tourner autour de la culpabilité, de l'abus, programmes ancestraux où le sexe est honteux, et de la culpabilité de négocier avec les énergies sexuelles. Ces aspects doivent être changés et revus à travers le prisme du Créateur. Si le chakra sexuel n'est pas ouvert, il peut être difficile de perdre du poids.

Stimuler intuitivement l'hypophyse peut également être utile, car elle libère des hormones pour contrer l'obésité.

CROYANCES ET GÉNÉTIQUE

Du point de vue du système de croyances, les problèmes de poids se trouvent plutôt à un niveau profond que superficiel (noyau), comme nous l'avons appris dans cette vie. Ils peuvent être profondément ancrés au niveau génétique et historique. Tout comme avec les croyances noyaux où nous n'arrêtons pas d'observer le même comportement dysfonctionnel et de revivre le même scénario avec un certain type de personnes, les mêmes problèmes et les mêmes situations vont continuer à revenir jusqu'à ce qu'ils soient résolus, et supprimés au niveau génétique également. Cela signifie que les personnes qui débarquent dans notre vie peuvent imiter des choses que nos ancêtres ont déjà traitées, mais pas résolues complètement.

Certains étudiants ont fini avec les croyances noyaux superficielles et pensent qu'ils n'ont plus de croyances sur lesquelles travailler, mais il peut toujours y avoir des croyances génétiques qui n'ont jamais été résolues. Parfois, s'asseoir et évaluer les problèmes de vie de tes parents, comme ce que tu sais des problèmes de tes ancêtres, pourra t'aider avec tes problèmes de poids.

Ces problèmes peuvent se rapporter à des événements qui se sont produits dans la vie de tes parents – ce qu'ils n'ont pas accompli et/ou d'autres problèmes qui n'ont jamais été résolus. Si tes parents étaient minces et que tu es gros, tu peux être en train de porter un certain nombre de problèmes qui t'ont été transmis par tes parents, et non par les ancêtres les ayant précédés.

Par exemple, je ne pense pas que ma mère se soit pardonnée pour certaines choses qu'elle a faites (et pas faites) par le passé.

Elle a cherché le vrai amour toute sa vie et ne l'a pas trouvé. C'est certainement parce qu'elle a eu des relations difficiles et qu'elle décida à un certain moment de ne plus souffrir. Je pense que l'inspiration pour trouver l'amour m'a été donnée. Alors, quand je suis tombée amoureuse de Guy, c'est comme si j'avais accompli le désir que ma mère a eu toute sa vie.

Te pardonner pour le passé peut permettre un changement significatif en toi et pour la façon dont tu vas affecter tes enfants.

Ce qui était fascinant pour moi était d'observer les gens qui suivaient notre cours de « ThetaHealing – relations avec le monde » et qui perdaient du poids après avoir travaillé sur les problèmes qui se rapportaient à leurs ancêtres. Ils libéraient des préjugés générationnels qu'ils ne comprenaient même pas et qu'ils ne pensaient même pas avoir.

Nous devons comprendre que l'ADN est beaucoup plus compliqué qu'on le croit. Il conserve la mémoire, les émotions et les leçons qui doivent être apprises.

Lorsque l'on parle de trouver le poids idéal, je pense que tu veux devenir mince. Je suggère qu'à la place, tu te fixes comme but d'être fort. Tu te bats contre tellement de programmes génétiques quand il s'agit du mot « mince » ! Pense à cela : les personnes qui meurent de faim sont minces. Celui qui n'a pas d'argent est, en règle générale, affamé et mince. Tu pourrais travailler toute la journée pour extirper ces anciennes et nouvelles croyances, ou tu peux juste dire « je suis fort ». « Fort », pour la plupart des gens, veut dire « mince », mais c'est la connotation négative de « mince » à laquelle l'inconscient va s'accrocher.

LES COUCHES DE CROYANCES

Je pense que ce monde est plus une illusion que nous ne le pensons. Nous projetons tous une image vers les autres. Et nous pensons être la personne que nous voyons dans le miroir, mais le sommes-nous vraiment ? Ce que je vais faire est décaler cette image en t'apprenant à t'aimer et à aimer ton corps pour qu'il puisse devenir ce que tu veux qu'il devienne, plutôt que d'être coincé à un certain poids.

La première partie de notre programme consiste à travailler sur les croyances qui sont associées au fait de ne pas être à notre poids idéal.

Plus loin dans ce chapitre se trouve une liste de croyances que tu peux tester avec le test énergétique pour voir si elles te bloquent pour libérer du poids. Cette liste ne contient pas toutes les croyances que les gens ont sur le fait d'être en surpoids. Les personnes veulent être en surpoids pour beaucoup de raisons – tout comme beaucoup veulent être maigres. Elles ont aussi un système de croyances double. La liste des croyances que je propose ici est juste un guide pour t'aider à commencer, et puisque nous sommes différents, elles ne seront que le sommet de l'iceberg. Chaque croyance qui te fait prendre du poids est liée à de nombreuses autres croyances attachées à elle. En effet, c'est quand tu commences à perdre du poids que tu vas découvrir les couches, une par une.

Comment peut-on avoir autant de couches de croyances ? Une des raisons est que nous ne prenons pas du poids tout d'un coup. Même si ça m'a pris peu de temps pour prendre le poids que j'ai pris, cela prend souvent des mois, et il y a beaucoup d'émotions pendant ce chemin ! À chaque fois que

nous prenons du poids, nous enfermons les croyances dans le corps physique et créons une couche de croyances, tout comme une couche de poids. La prise de poids devrait en fait être perçue comme la prise d'une couche de croyances. Et à l'inverse, lorsque l'on perd du poids, une couche est ouverte, un peu comme un oignon qu'on pèle, et les croyances et toxines à l'intérieur sont relâchées.

Ainsi, quand tu perds une couche de poids physique, un problème surgira, et ainsi de suite jusqu'à chaque couche, et jusqu'à ce que les croyances soient relâchées. Les couches sont différentes pour chaque personne et peuvent se présenter lorsque l'on perd 2 ou 20 kilos. Tu peux aussi avoir perdu quelqu'un de proche quand tu étais à un certain poids, par exemple, et cette douleur pourrait refaire surface quand tu atteindras le même poids. La raison pour laquelle cela arrive est que toutes les cellules de ton corps ont une mémoire de tout ce que tu as vécu, et cela inclut les cellules graisseuses.

Cela signifie que certains de nos « problèmes de poids » ne sont pas ce que l'on pense qu'ils sont. C'est aussi la raison pour laquelle nous pouvons perdre, disons, 10 livres (4,5 kg), puis tourner autour et les reprendre en un rien de temps. Si on ne relâche pas les croyances et émotions qui sont associées au poids physique de cette couche, on reprend du poids. C'est pourquoi le travail sur le système de croyances est une aide vitale pour libérer du poids. Cela peut induire quelques questionnements psychologiques, mais le temps qui passe est en général bénéfique.

CROYANCES ET TÉLÉCHARGEMENTS

Ce qui suit correspond à quelques croyances et téléchargements concernant le travail sur la perte des couches de poids. Ces croyances peuvent ne pas être en relation avec la nourriture ou avec le fait d'être en surpoids quand la croyance de fond est trouvée dans un processus d'approfondissement.

Teste le client (ou toi-même) avec le test énergétique et regarde s'il (ou si tu) a(s) une de ces croyances. Tous les programmes qui sont en rapport avec « je suis en surpoids » ou « je suis gros » doivent être remplacés. « Je suis en surpoids » devrait être remplacé par « je suis mince et fort » ou « je suis en bonne santé ».

Tu découvriras que les croyances sur le fait d'être en surpoids sont en général portées au moins au niveau génétique. Dans certaines tribus, principalement hawaïennes et certaines américaines, les personnes les plus lourdes sont les personnes les plus puissantes. Les croyances cachées seraient :

- « Je suis puissant quand je suis en surpoids. »

- « Je dois prendre du poids pour être intuitif. »

- « Je suis lourd. »

Assure-toi de tester ces programmes au niveau historique.

Avec l'obésité, commence toujours par t'assurer que tu as programmé la personne (ou toi) pour qu'elle soit forte, puis commence à creuser pour atteindre la croyance de fond. Une fois que tu auras testé les croyances de ce chapitre, tu devras creuser pour voir à quel point elles sont profondes, et trouver la croyance de fond pour chacune d'entre elles.

Relation

Test énergétique pour :

- « Si je perds du poids, je vais tromper mon époux. »

- « Si je suis gros, j'évite les relations. »

- « Je suis en surpoids pour éviter l'attention du sexe opposé. »

- « J'ai peur d'être blessé émotionnellement. »

- « J'ai peur de l'amour. »

- « Mon conjoint me veut comme cela. »

- « Mon conjoint veut que je reste gros. »

- « Je suis en surpoids afin de ne pas être en compétition. »

- « Je suis en surpoids afin de ne pas intimider les autres. »

- « Je suis en surpoids pour être pris au sérieux. »

- « Je suis en surpoids pour être aimé pour mon esprit et pas pour mon corps. »

- « Je déteste être regardé comme un objet sexuel. »

Si la réponse aux questions suivantes est « non », il faut faire un travail sur les croyances :

- « Je suis imperméable à toutes les colères et les jalousies des autres. »

- « Je suis conscient qu'une fois que j'aurai perdu du poids, la perception des gens sur moi changera. »

- « Si je change, je pourrai gagner plus de respect. »

- « Les gens me respectent et me regardent. »

- « Je peux accepter le respect des autres avec grâce et facilité. »

- « Les personnes autour de moi peuvent me laisser aller mieux. »

- « Je suis content de ma façon de traiter les autres. »

- « Je traite les autres avec gentillesse et respect. »

Nourriture

Test énergétique pour :

- « La nourriture c'est mauvais. » (Si la réponse est « oui », un travail sur les croyances doit être fait.)

- « Si je perds du poids, je n'existerai plus. »

- « La nourriture est le diable. »

- « Je mange moins. » (Si la réponse est « non », un travail sur les croyances doit être fait.)

Téléchargements :

- « Je me réjouis de la nourriture que je mange. »

- « J'aime les fruits. »

- « J'aime les légumes crus. »

- « Je me réjouis des fruits et des légumes. »

- « Je me réjouis d'une bonne nourriture pleine de protéines. »

- « Le bon type de nourriture me rend heureux. »

- « Je prends la responsabilité de ce que je mange. »

- « Je me réjouis de manger moins. »

- « De petites portions de nourriture sont satisfaisantes. »

- « Je me réjouis de prendre mes vitamines. »

- « J'aime boire de l'eau. »

Exercice

Test énergétique pour :

- « Je déteste faire de l'exercice. »

- « Cela prend trop de temps d'obtenir un résultat avec de l'exercice. »

- « L'exercice est douloureux. »

- « Je n'ai pas de temps pour faire de l'exercice. »

Téléchargements :

- « Je me réjouis de faire de l'exercice. »

- « Je fais de l'exercice tous les jours. »

- « L'exercice est mon ami. »

Poids

Test énergétique pour :

- « Je suis trop âgé pour perdre du poids. »

- « Si je perds du poids, je n'appartiendrai plus à ma famille. »

Téléchargements :

- « Je veux perdre mon excès de poids. »

Beauté

Test énergétique pour :

- « Si je suis belle, les gens penseront que je suis un peu superficielle. »

- « Si je suis beau, les gens penseront que je suis un peu superficiel. »

- « Ma belle, les personnes galbées sont stupides. »

Téléchargements :

- « Si je suis belle, les gens m'aimeront toujours. »

Mince et fort

Test énergétique pour :

- « Si je suis mince et fort, je deviendrai jaloux des autres. »

- « Si je suis mince et fort, les autres seront jaloux de moi. »

Téléchargements :

- « Je sais comment vivre sans la peur du changement. »

- « Le changement est bon. »

- « Je peux être mince et fort si je le choisis. »

- « Si je suis mince et fort, les gens m'aimeront toujours pour ce que je suis. »

- « Je me vois tout autant attirant que mince. »

- « Le miroir est mon ami. »

CROYANCES ET TÉLÉCHARGEMENTS DE SENTIMENTS

Esprit, corps et âme

- « Je suis mince et attirant. »

- « Je suis proche de Dieu dans un corps sain et fort. »

- « Plus je serai fort, plus je serai proche de Dieu. »

- « Dieu m'aime, peu importe ma forme. »

- « J'aime mon corps. »

- « Mon corps est énergique. »

- « Mon corps retient l'énergie. »

- « Mon corps est fort. »

- « Mon corps devient de plus en plus fort chaque jour. »

- « Mon corps comprend comment réguler mon sucre. »

- « Jour après jour, le système de mon corps devient plus fort. »

- « Je suis jeune. »

- « Je suis fort. »

- « Plus je suis fort, plus je suis aimable. »

- « Je peux être fort. »

- « Je me réjouis de m'entraîner quotidiennement. »

- « Je me sens bien avec moi-même. »

- « Je suis important. »

- « Je suis confiant dans le fait de libérer du poids. »

- « Je suis patient avec moi-même. »

- « Je suis calme et recueilli. »

- « Je suis incroyable. »

- « Je suis brillant. »

- « Tout ce que j'ai fait dans ma vie a de l'importance. »

- « J'aime qui je suis. »

- « Je suis fier de ma vie et de la manière dont je l'ai vécue. »

- « La terre peut me laisser aller mieux. »

- « Je suis plein d'énergie et de force. »

- « J'utilise mes mots avec sagesse. »

- « Je respire le souffle de la vie. »

- « Quand je suis fatigué, je trouve de l'énergie dans le souffle de la vie. »

Nourriture

- « Je sais quand je suis rassasié. »

- « Je sais comment m'arrêter quand je mange. »

- « Je sais comment manger moins. »

- « Je sais comment me nourrir sans trop manger. »

- « Je comprends ce que c'est que de manger moins. »

- « Je comprends la définition de manger correctement. »

- « Je sais qu'il est possible de bien manger. »

- « Je sais qu'il est possible de manger moins. »

- « Je comprends ce que c'est que de bien manger. »

- « Je sais comment bien manger. »

- « Je sais comment vivre ma vie quotidienne en mangeant correctement. »

- « Je connais la perspective du Créateur de tout ce qui est de manger correctement. »

- « Je sais comment vivre ma vie quotidienne en mangeant de la nourriture saine. »

- « Je sais quand j'ai besoin de manger. »

- « Je comprends ce que c'est que de manger de la bonne nourriture pour mon corps. »

- « Je sais comment absorber les nutriments de la nourriture que je mange. »

- « Je comprends ce que c'est que d'absorber
  les nutriments de la nourriture. »

- « Je sais comment manger de la bonne nourriture,
  des vitamines et des compléments minéraux
  sans choquer mon corps. »

- « Je sais quand mon corps a besoin d'énergie. »

- « Je sais comment prendre soin de mon corps. »

- « Je sais comment vivre ma vie quotidienne
  sans trop manger. »

- « Je sais comment chérir et prendre soin de
  mon corps avec dignité. »

- « Je sais comment poursuivre et prendre des vitamines et
  des compléments alimentaires qui sont bons pour moi. »

- « Je sais comment communiquer avec mon corps
  à travers la perspective du Créateur. »

Beauté

- « Je comprends la définition de la beauté à travers
  le Créateur de tout ce qui est. »

- « Je comprends ce que c'est que d'être belle. »

- « Je sais comment vivre ma vie quotidienne en beauté. »

- « Je connais la beauté grâce au Créateur
  de tout ce qui est. »

- « Je sais qu'il est possible d'être beau. »

- « Je sais ce que c'est que d'être beau. »

- « Je comprends la définition d'être attirant et mince. »

- « Je comprends ce que c'est que d'être attirant. »

- « Je sais qu'il est possible d'être attirant et mince. »

- « Je me sens en sécurité dans une relation. »

- « Je me sens en sécurité avec les autres. »

Libération du poids

- « Je comprends ce que c'est que de libérer du poids quotidiennement. »

- « Je comprends ce que c'est que de faire de l'exercice. »

- « Je sais comment faire de l'exercice avec responsabilité. »

- « Je comprends ce que c'est que de remplacer la nourriture par l'exercice. »

- « Je comprends comment me sentir bien avec moi-même. »

- « Je sais comment vivre ma vie quotidienne sans trop manger. »

- « Je sais comment vivre ma vie quotidienne sans être découragé par mon poids. »

- « Je comprends la définition de perdre du poids. »

- « Je sais comment libérer un excès de poids. »

- « Je sais comment faire de l'exercice. »

- « Je comprends ce que c'est que de libérer du poids. »

- « Je sais comment libérer du poids. »

- « Je sais comment vivre ma vie quotidienne en faisant de l'exercice. »

- « Je sais qu'il est possible de faire de l'exercice. »

- « Je comprends ce que c'est que de faire de l'exercice. »

- « Je sais comment vivre ma vie sans m'exposer à des substances toxiques. »

- « Je sais comment comprendre mes propres besoins physiques. »

- « Je sais ce que c'est que d'être énergique et accepté. »

- « Je sais comment contrôler mon humeur quand je me sens fatigué. »

- « Je sais quand je suis fatigué. »

- « Je comprends comment me sentir bien avec moi-même. »

- « Je sais comment utiliser la force de la vie pour le meilleur. »

Santé

- « Je comprends la définition de la santé à travers le Créateur de tout ce qui est. »

- « Je comprends ce que c'est que d'être en bonne santé. »

- « Je sais quand je suis en bonne santé. »

- « Je sais comment être en bonne santé. »

- « Je sais qu'il est possible d'être en bonne santé. »

- « Je sais comment vivre ma vie quotidienne en étant en bonne santé. »

- « Je connais la perspective de la santé à travers le Créateur de tout ce qui est. »

SESSION SUR LES SYSTÈMES DE CROYANCES

Les quelques peurs qui peuvent surgir quand tu perds du poids sont les peurs liées au fait que tu pourrais devenir ce que tu as détesté pendant plusieurs années. Beaucoup de personnes en surpoids détestent les maigres, les personnes attirantes, et sont effrayées parce qu'elles pensent que lorsqu'elles perdront du poids, elles seront détestées aussi. Elles pensent que les personnes attirantes sont superficielles, et ont peur de devenir superficielles si elles deviennent attirantes. Elles ont peur que leur personnalité change, que l'attitude de leurs proches change, et de perdre ce qu'elles ont appris. Elles pensent aussi que leur famille ne les acceptera plus si elles perdent du poids.

Une personne en surpoids doit comprendre que cette peur de perdre n'est qu'une peur, et non une réalité. Il est vrai que certaines personnes changent quand leur look change, mais ce n'est pas obligatoire. La session suivante sur le système de croyances est un bon exemple de la peur impliquée dans ce scénario.

Système de croyances : Que va-t-il se passer lorsque je vais libérer du poids ?

Session avec une jeune femme en surpoids.

Vianna: « Je veux que tu t'imagines dans le futur. Je veux que tu te voies plus mince, que tu voies ta vie comme tu voudrais qu'elle soit et que tu voies ce qu'il s'y passe. »

Cliente : « *Je suis heureux avec mon poids tel qu'il est – du moins, je ne suis pas malheureuse avec mon poids. Je suis vraiment heureuse comme je suis. Je suis fière de ce que j'ai réalisé et j'ai fait beaucoup de choses dans ma vie. Je suis à l'aise comme je suis. Si je perds du poids, je trouverai quelqu'un, et je devrai être en relation, parce que c'est ce qui arrive quand on perd du poids.* »

Vianna: « Attends une minute – tu dis que tu veux perdre du poids et maintenant tu dis que tu es contente avec ton poids. »

Cliente : « *Eh bien, je pense que je dois perdre du poids pour ma santé, mais pas pour un homme.* »

Vianna: « D'accord, parlons de la raison pour laquelle tu ne veux pas perdre de poids pour un homme. Qu'entends-tu par là ? »

Cliente : « *Eh bien, si je maigris, ma famille attendra de moi que je trouve un mari, et si je trouve un mari, je devrai changer – je devrai devenir quelqu'un d'autre.* »

Vianna: « Si j'ai bien compris : si tu deviens mince, tu dois trouver un homme. Est-ce que tu veux en trouver un maintenant ? »

Cliente : « *Non. Si je trouve un homme comme je suis maintenant, il ne m'aimera pas pour ce que je suis.* »

Vianna: « Tu n'aimerais pas que quelqu'un soit attiré par toi ? »

Cliente : « *Si, je pense.* »

Vianna: « D'accord, reprenons depuis le début. Tu veux perdre du poids, n'est-ce pas ? »

Cliente : « *Oui.* »

Vianna: « Que va-t-il se passer si tu perds du poids ? »

Cliente : « *Ma mère sera jalouse, ma sœur sera énervée et je devrai changer ma vie.* »

Vianna: « Pourquoi devras-tu changer ta vie ? »

Cliente : « *Parce que je serai mince, donc je devrai de nouveau faire des rencontres.* »

Vianna: « As-tu peur de faire des rencontres ? »

Cliente : « *Les dernières relations que j'ai eues n'ont pas fonctionné.* »

Vianna: « Qu'est-ce que cela signifie ? »

Cliente : « *Je les aimais et ils m'ont quitté, c'est pour ça que je ne veux plus faire de rencontres.* »

Vianna: « D'accord, tu ne veux plus d'une relation. »

Cliente : « *Bon, je voudrais quelqu'un, mais pas vraiment. Tout le monde pense que je devrais être avec quelqu'un.* »

Vianna: « Est-ce que tu sais ce que l'on ressent lorsque l'on est aimé pour ce que l'on est ? »

Cliente : « *Eh bien, ils disaient qu'ils m'aimaient, mais quand ils ont découvert qui j'étais vraiment, ils ne m'ont plus aimé.* »

Vianna: « C'est ce qui s'est passé ? »

Cliente : « *Je pense, mais je ne sais pas vraiment.* »

Vianna: « Souhaiterais-tu savoir ce que c'est que d'aimer quelqu'un et de le laisser t'aimer ? »

Cliente : « *Oui, volontiers.* »

Vianna: « Laisse-moi te télécharger ce que l'on ressent lorsque l'on est aimé et qu'on laisse quelqu'un nous aimer. Maintenant, est-ce que j'ai la permission de t'apprendre que tu peux libérer du poids et être à l'aise avec toi-même ? Que tu peux prendre ton temps pour construire une relation, si tu le veux ? »

Cliente : « *Oui, c'est ça que je veux vraiment. Je ne veux pas avoir le sentiment que je dois être avec quelqu'un.* »

Vianna: « D'accord, alors téléchargeons ces sentiments et la connaissance de ses sentiments. Si tu avais maintenant quelqu'un dans ta vie qui t'aime pour ce que tu es vraiment, que se passerait-il ? »

Cliente : « *Je ne sais pas. Je ne sais même pas moi-même qui je suis vraiment.* »

Vianna: « Est-ce que tu aimerais te connaître toi-même ? »

Cliente : « *Eh bien, je sais qui je suis supposée être – ma mère me dit qui je suis supposée être, et ma sœur et mon frère me le disent aussi.* »

Vianna: « Aimerais-tu savoir que tu peux créer celle que tu aimerais être ? »

Cliente : « *Oui, j'aimerais bien.* »

Vianna: « Aimerais-tu savoir que tu peux être mince, belle et forte ? »

Cliente : « *Oui, j'aimerais être forte, mais j'ai peur de devenir mince.* »

Vianna: « Que se passerait-il si tu devenais mince ? »

Cliente : « *Je ne sais pas – je n'ai jamais été mince.* »

Vianna: « Aimerais-tu savoir que tu es prête à faire des changements, et que tu peux être mince, belle et forte ? »

Cliente : *« Oui, j'aimerais bien l'être, mais quelque part, j'aime ma façon d'être. Je ne me déteste pas et je ne pense pas non plus que je suis grosse. »*

Vianna: « Penses-tu que tu devrais libérer du poids ? »

Cliente : *« Je pense que je devrais perdre quelques kilos. »*

Vianna: « Combien de kilos aimerais-tu perdre ? »

Cliente : *« Je pense que ça ne me ferait pas de mal de perdre 20–30 kilos. »*

Vianna: « C'est ça que tu veux perdre ? »

Cliente : *« J'aimerais bien savoir ce que l'on ressent lorsque l'on est vraiment jolie et fine. Mais si je deviens jolie et fine, je ne serai plus moi-même. »*

Vianna: « Qu'est-ce qui te fait penser que tu ne seras plus toi-même ? »

Cliente : *« Parce que je changerai. Elles changent toutes. Dès qu'elles sont belles, elles changent. »*

Vianna: « Aimerais-tu savoir que tu peux devenir belle et que tu peux rester la personne que tu veux être ? »

Cliente : *« Oui, j'aimerais. »*

Vianna: « Ai-je la permission d'aller voir si tu sais ce que c'est que d'être belle, comment être belle, et que tu peux être belle et rester la personne que tu es ? »

Cliente : « *Oui, j'aimerais bien.* »

Vianna: « Aimerais-tu savoir que tu peux être aimée et que tu es désirable ? »

Cliente : « *Oui, volontiers.* »

Vianna:« Aimerais-tu savoir que tu peux être à l'aise et que tu peux devenir la personne que tu veux ? »

Cliente : « *Oui, volontiers.* »

Je lui ai téléchargé les sentiments et les connaissances dont nous avons parlé, puis j'ai effectué le test énergétique pour voir si elle était prête à libérer du poids.

Le test était positif, elle était prête à libérer du poids. Alors, je lui ai demandé de visualiser ce que c'est que d'être mince et forte.

À nouveau, la phrase « ma mère et ma sœur seront en colère après moi » est sortie.

Cela pouvait être vrai, je ne pouvais pas programmer que cela n'allait pas lui arriver. À la place, je lui ai téléchargé « il est bon d'être mince et forte et toujours aimée ». Je lui ai aussi téléchargé « je n'ai pas besoin d'être grosse pour faire partie de ma famille ».

Avons-nous fait assez de travail sur les croyances pour qu'elle puisse libérer du poids ? Oui. Est-ce qu'il y a encore du travail sur les croyances à faire ? Bien sûr qu'il y en a, mais cela viendra après qu'elle aura libéré sa tristesse avec la chanson du cœur.

Cette session de système de croyances est aussi liée au problème d'être aimé pour ce que l'on est. J'aime la femme métaphysique qui a dit « Je veux quelqu'un qui m'aime pour moi ». Eh bien, le partenaire éventuel peut t'aimer pour ce que tu es maintenant, ou quand tu seras plus mince. Et tu pourras t'aimer plus quand tu seras fine, ou pas !

Pour certains, perdre du poids est un changement qui transforme la vie. Pour d'autres, ça ne l'est pas. Beaucoup dépend de la motivation et du système de croyances de la personne qui veut libérer du poids.

Par exemple, j'ai connu une femme qui est devenue grosse après de multiples naissances sur plusieurs années. Un jour, elle a décidé qu'elle en avait assez d'être en surpoids et a décidé de se faire poser un anneau à l'estomac. Lorsqu'elle m'a dit qu'elle allait faire cette opération, j'étais préoccupée, car je savais que cela pouvait être dangereux. Souvent, les personnes qui subissent cette opération doivent prendre des vitamines B pendant le reste de leur vie pour être certaines qu'elles absorbent assez de nutriments.

Néanmoins, cette femme voulait se faire opérer, et pendant l'année qui suivit, elle a perdu beaucoup de poids et a dû se faire enlever son surplus de peau.

Elle a perdu tellement de poids qu'elle s'est retrouvée avec une petite poitrine, alors elle retourna sous le bistouri pour

recevoir des implants mammaires. Elle a eu une infection suite à cette opération et a été très malade pendant un certain temps.

Après environ une année de cette odyssée, elle a enfin guéri et en a fini avec les opérations, mais elle ne pouvait plus vraiment manger et ne pouvait plus boire de soda.

Lorsqu'elle en avait fini, elle avait le corps d'une femme de 20 ans et le visage ridé d'une femme de 90 ans, à cause de tout le poids qu'elle avait perdu. Je ne la reconnaissais plus ! Son corps ne s'adaptait pas bien non plus à ce changement – c'était comme si quelqu'un avait percé un ballon avec une épingle et le laissait se dégonfler.

De toute façon, dès qu'elle est devenue mince et qu'elle se sentait différente, que penses-tu qu'elle a fait ? Elle a commencé à devenir rancunière et vicieuse envers son mari, avec qui elle était depuis qu'elle était étudiante.

« Tu as été méchant avec moi toutes ces années », a-t-elle dit, avant d'ajouter : « Nous sommes riches maintenant, alors je vais prendre la moitié de l'argent et partir. » Et elle l'a fait.

Alors, quelle était la motivation de son opération de perte de poids ? Était-ce de devenir mince et de quitter son mari, ou était-ce un programme inconscient qu'elle suivait sans le savoir ? Nous ne le saurons jamais, et elle non plus.

Certes, la plupart des gens ne désirent pas à ce point ce genre d'opérations. Et la plupart des médecins n'effectueront ces opérations que s'ils pensent que les bénéfices l'emportent sur les risques. Cette femme particulière était un cas extrême. La morale de son histoire est que, si tu veux perdre du

poids, perds-en à un rythme qui est sain pour toi. Quand tu commences à faire de l'exercice, tu peux découvrir que tu perds 2–3 livres (environ 1 kilo) chaque jour, mais tu peux aussi perdre 15 livres (7 kilos) en un mois. Cela permettra à ton corps et au monde autour de toi de s'adapter au changement. Ton inconscient peut aussi suivre les changements, et tu peux avoir une perte de poids saine, à l'opposé d'une perte de poids mauvaise pour la santé.

Ce que la plupart des gens doivent faire est de répondre à leurs croyances afin que leur inconscient puisse changer la façon dont ils se perçoivent – d'une façon confortable !

Voici un autre exemple qui montre à quel point les croyances sous-jacentes peuvent affecter le poids…. et les relations.

Système de croyances : jalousie

Session avec une jeune femme en surpoids.

Vianna : « Aimerais-tu libérer un peu de poids ? »

Cliente : « *Oui, j'aimerais. J'aimerais être mince et forte, comme je l'étais avant.* »

Vianna : « Très bien, j'aimerais que tu fermes tes yeux, que tu respires profondément et que tu imagines ce que tu ressens en étant forte, mince et en bonne santé. »

La cliente commence à bouger sur sa chaise.

Cliente : « *Je devrai recommencer à le faire.* »

Vianna : « Recommencer à faire quoi ? »

Cliente : « *Ces histoires de jalousie. Mon mari va penser que je vais partir avec quelqu'un et va recommencer ces histoires de jalousie.* »

Vianna : « Quelles histoires de jalousie ? »

Cliente : « *Il se met en colère quand je suis belle et forte, et il devient méfiant. Il pense que je vais le quitter et nous avons des disputes terribles. Donc je pense que je veux juste devenir forte et en bonne santé, mais pas mince.* »

Vianna : « Très bien. J'aimerais que tu t'imagines forte et en bonne santé. »

Cliente : « *Ce n'est pas bien de sa part de me faire ça.* »

Vianna : « Aimerais-tu savoir que tu peux être forte, sans causer cette jalousie ? »

Cliente : « *Oh, c'est impossible ! Il est toujours jaloux et si j'étais forte, cela ne ferait qu'empirer les choses.* »

Vianna : « Aimerais-tu savoir ce que tu ressens en sachant que tu es forte ; que tout est terminé, que tout est bien, et que tu peux résoudre ces choses avec lui ? »

Cliente : « *C'est ridicule. Je ne peux rien résoudre avec lui. Il est toujours comme ça.* »

Vianna : « Depuis quand est-il comme ça ? »

Cliente : « *Je ne sais pas exactement. Il était comme ça quand nous nous sommes rencontrés.* »

Vianna : « Depuis combien de temps êtes-vous ensemble ? »

Cliente : « *Nous sommes ensemble depuis 15 ans.* »

Vianna : « Est-ce qu'il t'aime ? »

Cliente : « *Oui, il m'aime.* »

Vianna : « Est-ce qu'il te fait confiance ? »

Cliente : « *Il me fait confiance maintenant que je suis grosse.* »

Vianna : « Demande-lui s'il te ferait toujours confiance si tu étais mince. »

Cliente : « *D'accord, je lui demanderai.* »

Vianna : « Souhaiterais-tu que je te montre que tu peux être mince et fidèle ? »

Cliente : « *D'accord.* »

Vianna : « Juste par curiosité, est-ce que tu le tromperais ou est-ce que tu le quitterais si tu étais mince ? »

Cliente : « *Peut-être.* »

Vianna : « Ai-je la permission de te montrer que tu peux être fidèle et forte si tu perds du poids ? »

Cliente : « *D'accord.* »

Le travail sur les systèmes de croyances de ce type peut aider pendant tout le processus de recherche du poids idéal. Utiliser le système de croyances pour atteindre son poids idéal rend le processus plus facile. Cela t'aidera à traiter tous les sentiments qui sortent et les raisons pour lesquelles tu as pris ou perdu du poids au début.

4

Libérer du poids – Étape 2 : Suggestion de compléments alimentaires pour libérer du poids facilement

Lorsque tu commences à libérer du poids, je te suggère d'utiliser les compléments alimentaires suivants pour aider à fournir une énergie de remplacement du poids qui sera bientôt parti. Je sais que beaucoup de gens n'aiment pas prendre de compléments alimentaires, mais les compléments alimentaires que je te propose ici ne te donneront pas que de l'énergie ; ils t'aideront aussi à dépasser la crise quand tu commenceras à faire de l'exercice.

LA CRISE ? QUELLE CRISE ?

Lorsque tu commences une série d'exercices, beaucoup de choses peuvent être remuées et libérées dans ton sang, dont des déchets. Ton corps est fait pour évacuer ces déchets sur une base régulière, mais quand des déchets supplémentaires sont produits (ou introduits dans le corps), les toxines sont encapsulées dans les cellules de graisse afin de les neutraliser. Plusieurs années de déchets ou de métaux lourds, par exemple, peuvent être encapsulées par les cellules grasses du corps. Alors, quand tu fais de l'exercice et que tu atteins le point où tu commences à brûler de la graisse, tu relâches ces toxines à nouveau dans ton corps. Si cela arrive trop rapidement,

tu commenceras à te sentir fatigué, tes muscles te feront mal et tu pourrais avoir de nombreux autres symptômes, en fonction des toxines qui sont relâchées dans ton corps.

Que se passe-t-il lorsque tu décides de t'entraîner tous les jours ? Typiquement, à la fin de la première journée tu te dis : « Eh, je l'ai fait ! Ce n'était pas si terrible que ça ! »

À la fin de la deuxième journée, tu te dis : « D'accord, j'ai un peu mal, mais ce n'est pas trop grave. »

À la fin du troisième jour, tu te dis : « Je ne voulais pas le faire, mais je l'ai fait quand même ! Seulement, maintenant je suis fatigué, mes muscles me font mal, je ne me sens pas très bien et j'ai vraiment mal… »

Lorsque c'est le moment de faire de l'exercice le quatrième jour, tu te dis : « Je suis fatigué, j'ai mal partout et je pense que je vais me reposer ce soir ! Ça suffit avec l'exercice ! »

Ce qui se passe dans le corps, lorsque les toxines sont relâchées par les cellules de graisse, submerge le foie, et tu te sens fatigué. Le corps envoie alors un seul message au cerveau : « Pour l'amour de Dieu, tu es fou ? Arrête de faire de l'exercice ! »

Tout ce scénario est paradoxal, puisque plus tu t'entraînes, plus tes muscles relâcheront la cortisone nécessaire à ton corps pour soulager la douleur et te rendre plus fort, mais comme tu fais de l'exercice, ton corps est submergé par les toxines et tu te sens mal, alors avant que les muscles puissent prendre le relais et faire ce qu'ils ont à faire, tu arrêtes de t'entraîner.

COMPLÉMENTS ALIMENTAIRES

C'est là que les compléments alimentaires peuvent aider. Une des raisons est psychologique : beaucoup de gens préfèrent

prendre une part active à leur propre guérison, et s'ils ne croient pas qu'une guérison instantanée puisse fonctionner, ils penseront souvent qu'un complément puisse les y aider. Ainsi, ces personnes prennent correctement les compléments.

Certains compléments alimentaires affectent le corps immédiatement, et les effets peuvent être observés dans les 30 minutes à trois heures (surtout si tu as besoin de ces compléments). Avec la peau, toutefois, cela prendra environ trois semaines pour voir un changement.

Si tu prends des compléments et que tu ne te sens pas mieux, ou que tu ne vois pas de changement du tout, ton corps ne les décompose certainement pas correctement et/ou tu as abandonné l'idée de les utiliser en premier lieu. Dans la conscience de santé de notre société, les gens ont les placards pleins de vitamines et de compléments qu'ils ont essayés ou sont en train d'utiliser. Cela rend certains des compléments alimentaires que je suggère difficiles à vendre, du moins à certaines personnes. Je suis aussi consciente qu'il y a des gens qui n'ont pas assez d'autodiscipline pour prendre des compléments tous les jours. Il y a aussi des personnes qui pensent qu'elles doivent recevoir tous leurs nutriments de la nourriture et qui sont ainsi réticentes à prendre des compléments.

Cependant, le principal problème avec la prise de compléments est la cohérence. Lorsque je cherchais à perdre du poids, je gardais un tube de compléments à la maison et un tube au travail ; de cette façon, si j'oubliais de prendre mes compléments le matin à la maison, je pouvais les prendre au travail.

SUGGESTION DE COMPLÉMENTS ALIMENTAIRES POUR LIBÉRER DU POIDS

Voici quelques compléments qui peuvent être utiles dans ton programme de perte de poids. Ils aideront à l'élimination des toxines physiques qui peuvent être relâchées avec la graisse.

1.   Molybdène, omégas 3, vinaigre de cidre, et acides alpha-lipoïques sont les meilleurs.

2.   Le second lot le plus important de compléments est la lécithine, le resvératrol, et les acides aminés.

3.   DHEA, vitamine E, extrait de pomelo, jus de cactus et noni sont en option.

Attention ! Si tu choisis d'utiliser des compléments alimentaires additionnels, note que beaucoup de plantes médicinales spécifiques aux obèses peuvent être dangereuses. Elles fatiguent les organes du corps, parce qu'elles contiennent une forme de caféine. Par exemple, « ma hung » stimule le cœur pour qu'il batte plus vite et plus fort. Certaines plantes médicinales combinent l'éphédra avec le guarana, et bien que cela ait aidé certaines personnes à perdre du poids, elles ont aussi causé quelques décès.

1. Compléments alimentaires essentiels
Molybdène

Le molybdène peut arrêter l'accumulation de levure. La levure requiert une mention spéciale puisqu'elle est liée à la perte de poids. Une surabondance de levure peut contribuer à l'asthme, à la faiblesse, aux maux de tête, à la fatigue, et surtout à la prise de poids !

Lorsque les gens sont critiques ou rancuniers envers eux-mêmes ou les autres, ils peuvent avoir des problèmes de levure. Les antibiotiques peuvent causer des infections liées à la levure. De la levure dans les intestins affecte les sinus.

Intuitivement, la levure dans le corps ressemble à une énergie poussiéreuse, brumeuse ou nuageuse. J'ai découvert que plusieurs personnes en surpoids ont un taux élevé de levure dans leur corps.

La levure crée de l'acétaldéhyde, qui est un déchet. Décomposée lentement dans le corps, elle peut finir par être stockée dans les cellules adipeuses. Quand les personnes commencent à perdre du poids, elles enlèvent de la levure, et de l'acétaldéhyde sera libéré dans le corps. Le foie pourra être surchargé et avoir des difficultés à nettoyer les toxines du système. L'acétaldéhyde peut aller dans le cerveau, le système sanguin, les articulations et les poumons et porter atteinte à la mémoire. C'est pour cela que la première chose que le corps fait est d'envoyer un message au cerveau, demandant d'arrêter de faire de l'exercice.

Un complément alimentaire de molybdène peut être très bénéfique ici, puisqu'il aide à chasser l'acétaldéhyde du système corporel en le transformant en acide urique. La proposition consiste à en utiliser 300 microgrammes au début, à augmenter la dose à 500 microgrammes pendant quelques mois, puis à arrêter et peut-être en reprendre plus tard. Le molybdène permet de garder l'esprit clair et de prévenir le brouillard cérébral, tout comme il permet à l'acétaldéhyde d'être chassé du corps.

La levure est attirée et retenue par la colère et les ressentiments, alors télécharge :

- « Je sais ce que l'on ressent en étant dans un environnement aimable. »

- « Je sais ce que l'on ressent lorsque l'on est apprécié. »

- « Je sais comment vivre ma vie sans en vouloir aux autres ou à moi-même. »

- « Je sais ce que c'est de comprendre ce qu'une personne pense et ressent. »

- « Je sais qu'il est sûr de voir intuitivement dans le corps d'une personne. »

- « Je sais ce que c'est d'être témoin de changements intuitifs de levures et de champignons. »

Il n'est pas conseillé de commander intuitivement que toute la levure du corps d'une personne meure. Le corps a besoin d'une certaine quantité de levure pour fonctionner, alors consulte ton médecin avant de prendre du molybdène.

La levure démantèle le sucre, et l'abondance de sucre est ce dont elle a besoin pour survivre dans le corps. Les personnes qui ont des problèmes de levure devraient faire un régime alcalin, puisqu'il affamera la levure en sucre.

Omégas 3

Pour aider à libérer du poids, il est très important de prendre des acides gras omégas 3 tous les jours, puisqu'ils aident à détruire la forme négative du cholestérol. Il est important de comprendre que tu es obligé d'avoir du cholestérol pour survivre. Ce qui se passe est que, souvent, les gens mangent trop de viande et de fritures, alors ils ont plus de mauvais que de bon cholestérol dans leur système.

Les omégas 3 nous permettent également d'utiliser de la sérotonine, ce qui améliore l'humeur. C'est pour cela que les omégas 3 t'aideront à ne pas être déprimé lorsque tu fais de l'exercice et quand ton taux d'hormones fluctue.

Les omégas 3 peuvent aussi aider à garder ta peau et tes cheveux sains.

La plupart des omégas 3 que tu trouves en magasin viennent d'huiles de poissons. Cela provient de l'océan et peut contenir du mercure, donc d'autres sources devraient également être utilisées. Les avocats contiennent beaucoup d'omégas 3, tout comme le riz sauvage, les noix, l'huile de canola (huile de colza), les graines de lin, de soja, et d'autres aliments.

Les omégas 3 (et un peu d'omégas 6) sont aussi dans l'huile de lin. L'huile de lin provient des graines de la plante Linum usitatissimum, qui est une source très riche en acide alpha-linolénique. Le régime méditerranéen est riche en acide alpha-linolénique, et semble diminuer le risque de troubles de l'artère coronaire et certains types de cancer.

Des études ont indiqué que l'huile de lin pouvait combattre l'artériosclérose, prévenir les attaques cardiaques et cérébrales, et soulager les symptômes de l'arthrite. Elle peut également être bénéfique contre certains cancers.

Certains fermiers ont commencé à nourrir leurs poulets avec un régime riche en huile de lin, boostant les acides gras omégas 3 dans les œufs au point qu'ils sont 8 à 10 fois plus présents que dans les œufs normaux. Ce nouveau type de pensée holistique a fini par atteindre nos agriculteurs.

Pour perdre du poids, la bonne graisse contenue dans l'huile de lin aide à convertir la mauvaise graisse de la nourriture et la graisse qui est toujours dans ton corps. Elle est utilisée pour traiter le durcissement des artères, et peut être bénéfique pour le cœur et embellir la peau.

Une cuillerée à soupe d'huile de lin avec du cottage cheese produit des interférons, qui boostent le système immunitaire.

L'huile de lin contient une petite quantité d'omégas 6, donc les femmes souffrant de certains cancers et les femmes qui ont eu un cancer devraient demander en parler à leur médecin avant d'en utiliser. Les omégas 6 contenus dans l'huile de lin peuvent retarder la ménopause chez certaines femmes.

Pour éviter que vos huiles rancissent, il est préférable de les garder au réfrigérateur autant que possible.

Vinaigre de cidre

Le vinaigre de cidre est fait à partir de pommes mûres qui sont fermentées et qui suivent un processus strict pour aboutir au produit final. Le vinaigre contient des vitamines, du bêta-carotène, de la pectine, et des minéraux vitaux : potassium, sodium, magnésium, calcium, phosphore, chlorine, sulfure, fer et fluor. Les bénéfices du vinaigre de cidre biologique pour la santé sont attribués à la présence de tous ces nutriments.

Pour en retirer tous les bénéfices, assure-toi d'utiliser seulement le produit naturel, la variété biologique du vinaigre de cidre. Le vinaigre aura une couleur brune et la « mère-vinaigre » du complément alimentaire flottera au fond.

Le vinaigre de cidre contient un taux signifiant de pectines,

qui sont connues pour aider à réguler la pression sanguine et réduire le mauvais cholestérol dans le corps.

Le vinaigre de cidre est aussi chargé en potassium, donc il est utilisé pour le traitement de divers maux comme la perte des cheveux, les ongles et les dents fragiles, la sinusite, et la goutte au nez permanente.

Le bêta-carotène du vinaigre de cidre pourrait aider à ralentir les dommages causés par les radicaux libres, en aidant à maintenir une peau ferme et une apparence jeune.

Le vinaigre de cidre soulage la constipation, les maux de tête, l'arthrite, les os faibles, l'indigestion, les taux élevés de cholestérol, la diarrhée, l'eczéma, les yeux endoloris, la fatigue chronique, les intoxications alimentaires bénignes, la perte de cheveux, la pression sanguine élevée, l'obésité, et bien plus encore. Il est bon pour ceux qui souhaitent perdre du poids, car il peut contribuer à la réduction de poids en soutenant la dégradation des graisses.

On dit que le meilleur moment pour boire du vinaigre est le matin au lever. On peut ainsi mélanger 2 cuillerées à soupe de vinaigre de cidre et du miel dans un verre d'eau, et de boire.

Le vinaigre de cidre aide à garder ton système lymphatique propre. Il est aussi important que les omégas 3 dans un programme de réduction de poids. Une cuillerée à soupe dans un verre d'eau tous les jours aidera à nettoyer ton système lymphatique quand tu perds du poids.

Tu peux utiliser le vinaigre de cidre aussi longtemps que tu le souhaites, puisque les bénéfices globaux sur la santé ont été documentés depuis plus d'un siècle dans le secteur alternatif.

Cependant, une utilisation prolongée est déconseillée, car le vinaigre de cidre est mauvais pour l'émail des dents. Le meilleur régime est de faire des cures de 3 mois, puis d'arrêter la prise pendant 3 mois.

Acide alpha-lipoïque

L'acide alpha-lipoïque t'aide à rester fort et aide ton foie à produire du glutathion, un acide aminé qui aide à évacuer les toxines du corps et qui te donne de l'énergie. Les mitochondries dans les cellules retiennent toute l'énergie de la cellule, ce que l'on appelle ATP. Elles relâchent l'ATP quand nous avons besoin d'énergie. Cependant, quand l'ATP est libérée, une petite quantité d'oxygène est également libérée, comme déchet. On appelle cela un radical libre. L'oxygène est mauvais pour le corps s'il n'est pas dans le bon contexte. Alors, pour contrer les effets négatifs des radicaux libres, le corps y attache des antioxydants. L'acide alpha-lipoïque (AAL) aide à la fabrication d'antioxydants.

L'AAL a aussi démontré son efficacité chez les personnes diabétiques puisqu'il peut aider à maintenir le niveau de glucose dans le sang.

L'AAL est disponible dans les plantes et certaines sources animales. Je suggère de les utiliser durant les premières semaines de votre programme de perte de poids – ou même pour le reste de votre vie ! Ils devraient être pris avec de l'huile de lin, qui agit comme transporteur, assurant que l'AAL sera absorbé par les cellules.

2. Compléments importants

Lécithine

La lécithine est un lipide constitué de choline et d'inositol. C'est un des composés les plus importants dans les membranes des cellules. C'est un acide gras oméga 6 qui a beaucoup de fonctions, l'une des plus importantes étant le contrôle du nombre de nutriments qui entrent et sortent des cellules.

La lécithine se trouve naturellement dans les graines de soja, la levure, les cacahuètes, le poisson et le jaune d'œuf. C'est un ingrédient actif dans beaucoup de compléments pour la perte de poids, soit sous forme de poudre, de tablette, ou comme ingrédient principal dans certains mélanges, mais il n'y a qu'une faible preuve scientifique que cela aide. Il y a, cependant, des données qui soutiennent que la présence de lécithine dans le système sanguin pourrait aider à prévenir l'athérosclérose et les malaises cardiaques. La lécithine a la capacité d'aider à garder la graisse dans le solvant du sang, c'est pour cela que l'on pense que la consommation de produits contenant du soja diminue les possibilités de développer des troubles cardiaques. La lécithine contenue dans la plupart des compléments tient ses origines des fèves de soja.

La lécithine aide tout ton corps. Elle maintient les artères ouvertes, aide les hommes à conserver leur énergie, et stimule la libido. Elle est bénéfique pour les veines et les artères, mais ce n'est pas quelque chose de complet pour un programme de perte de poids. Ceux qui ont certains cancers devraient consulter un médecin avant d'en utiliser.

Resvératrol

Le resvératrol est une substance qui est présente dans la plupart des plantes, à différents degrés, mais qui est à une concentration maximale dans le raisin. Son taux est plus élevé dans le vin rouge que dans le vin blanc ; ceci est dû au fait que la peau et les graines des raisins sont utilisées dans la préparation du vin rouge, tandis que dans le vin blanc, il n'y a que le jus qui est utilisé. Le resvératrol est considéré comme l'un des facteurs expliquant le paradoxe français, où l'on constate que la fréquence des maladies coronariennes est plus faible en France, où le vin rouge est davantage bu que dans d'autres pays industrialisés.

Le resvératrol est utilisé dans des remèdes à base de plantes dans le monde entier. On pense qu'il agit contre le cancer, tout comme il protège le système cardiovasculaire.

Le complément à base de resvératrol est fait à partir de vin rouge et a bon goût ! La raison pour laquelle je suggère de le prendre est que, si tu veux perdre du poids rapidement, tu dois t'assurer d'avoir plein d'antioxydants et un système cardiovasculaire sain. Le resvératrol aide aussi à détoxifier le corps ; il peut ainsi te garder fort et te donner de l'énergie.

Complexe acides aminés

Le complexe acides aminés est quelque chose auquel tu voudras peut-être t'intéresser, car cela aide à former les muscles. Je pense qu'il est important d'utiliser un complexe acides aminés lorsque tu perds du poids parce qu'il te donne de l'énergie et te fait te sentir plus fort.

3. Compléments alimentaires optionnels

DHEA

La DHEA est une hormone stéroïde qui est naturellement produite dans le corps. Certains pensent que lorsque notre niveau de DHEA est bas, nous sommes davantage soumis au vieillissement et aux maladies. Dans une étude effectuée en 1986 et publiée dans un journal médical de Nouvelle-Angleterre, il a été constaté qu'une augmentation de 100 microgrammes de DHEA par décilitre de sang correspond à une réduction de 48 % de la mortalité due à un trouble cardiovasculaire et à une réduction de 36 % de la mortalité due à d'autres causes.

Les effets de la DHEA varient en fonction de la personne ; cependant, dans une étude à double aveugle, 24 femmes utilisant la DHEA montrent des améliorations remarquables de bien-être général et elles étaient moins déprimées à la fin de l'étude.

Les compléments composés de DHEA peuvent être une aide pour libérer du poids. La DHEA peut stimuler les glandes surrénales, et beaucoup de médecins en prescrivent pour aider les glandes surrénales à récupérer après une période prolongée de stress. Elle est aussi utilisée pour promouvoir la production de testostérone. À cause de cela, les doses recommandées sont différentes pour les hommes et pour les femmes. Un dosage de 50 microgrammes pour une femme et de 100 microgrammes pour un homme est suggéré. Il vaut mieux diminuer lentement les doses de DHEA, pour que le corps recommence à produire de la cortisone naturellement.

La DHEA est optionnelle pour la perte de poids et devrait seulement être utilisée si tu n'as pas eu de cancer féminin.

Les compléments composés de DHEA sont produits et vendus légalement aux États-Unis. Cependant, à cause de certains effets secondaires potentiels sérieux, dont des palpitations cardiaques, ils ne peuvent pas être utilisés dans différents pays, dont le Royaume-Uni et le Canada.

Extrait de pomelo

Les compléments de pomelo sont disponibles en trois sortes ; toutes auraient un bénéfice différent pour la santé. Il s'agit d'extraits de différentes parties du pomelo : extraits de la croûte, extrait de pépins et extrait du fruit entier. Les compléments à base d'extrait de pomelo sont disponibles en poudre et en pastilles ; l'extrait de pépin de pomelo est aussi vendu sous forme liquide.

Le complément de pomelo en entier est le complément le plus récent dans son genre et englobe des extraits de la peau, des pépins et du jus combinés. Une théorie sur l'association positive entre le pomelo et la perte de poids circule depuis plusieurs années – on pense qu'il aide à brûler les calories, à freiner l'appétit et à contrôler la sensation de faim.

L'extrait de pomelo est donc suggéré comme une part du programme de perte de poids, mais attention aux contre-indications médicales !

Jus de cactus

Le concentré de jus de cactus provient du figuier de Barbarie et fournit un soutien alimentaire et nutritionnel journalier

pour toutes sortes de problèmes de santé. Beaucoup de nutritionnistes, herboristes et praticiens médicaux reconnaissent également les effets bénéfiques du fruit du figuier de Barbarie et du cactus nopal.

Le jus de cactus est une bonne source d'antioxydants ; il pourrait également lutter contre les inflammations et il a été démontré qu'il permet de baisser le cholestérol et le sucre dans le sang. Certaines études ont indiqué que le jus de cactus peut aider à combattre le diabète, l'hypoglycémie, les inflammations, le taux élevé de cholestérol, l'athérosclérose, les troubles gastro-intestinaux et contribuer au nettoyage des intestins et à la fonction du foie.

Noni

Noni est le nom hawaïen pour Morinda citrifolia, connu sous le nom de pomme-chien. Cette plante est une sorte de buisson avec des fruits de la taille d'une pomme de terre. Le jus de son fruit est proposé en médecine alternative pour plusieurs sortes de maladies, dont l'arthrite, le diabète, l'hypertension, les douleurs musculaires, les douleurs menstruelles, les maux de tête, les troubles cardiaques, le sida, les cancers, l'ulcère gastrique, les entorses, les dépressions, la sénilité, la mauvaise digestion, l'athérosclérose, les problèmes de vaisseaux sanguins et l'addiction aux drogues. Le noni a reçu l'attention d'herboristes modernes, de docteurs en médecine et de biochimistes high-tech, et les études scientifiques des dernières décennies ont apporté un soutien aux revendications de ses propriétés. Les preuves scientifiques des avantages du jus de noni sont limitées, mais il y a quelques preuves d'effets positifs pour le rhume et la grippe.

Tu peux immédiatement introduire le noni dans le régime, car ce n'est pas un nettoyeur de parasites dur. Il nettoie cependant un nombre énorme de parasites. Il n'arrêtera pas le ténia, mais aidera à combattre les vers que tu pourrais attraper sous les tropiques.

Note : Si tu commences à prendre des compléments tous les jours et que tu arrêtes d'un coup de les prendre sans raison apparente, tu as un système de croyances qui a besoin d'être étudié.

Bénis les compléments alimentaires que tu prends

Lorsque tu achètes des herbes, des vitamines ou tout autre type de nourriture dans un magasin, demande au Créateur de tout ce qui est si ce que tu achètes est pour le mieux. Tu peux déterminer cela en te connectant au Créateur pendant que tu tiens le produit et en demandant simplement si la puissance est correcte ou si la substance est la meilleure pour toi. Le test énergétique et les pendules ne sont souvent pas utiles dans ce cas, car l'inconscient aura tendance à interférer avec la réponse. Il est toujours mieux de demander au Créateur.

Une fois que la substance a passé le test, elle devrait être bénie avant d'être utilisée pour assurer puissance, efficacité et qualité maximales. Puisque tout a une conscience et que nous absorbons cette essence lorsque nous la consommons, nous devons bénir toute la nourriture et les herbes que nous mangeons ! Si les substances n'ont pas été traitées avec tout le respect qu'elles méritent, l'avantage de les manger sera réduit.

Cela inclut le fait de télécharger une bénédiction pour les prescriptions médicales. Ne hais pas tes médicaments ; bénis-les, ainsi que tes compléments, de la façon suivante :

Comment bénir les médicaments et les compléments

- Concentre-toi dans ton cœur, et imagine-toi descendre jusqu'à la Terre Mère, qui est une partie de tout ce qui est.

- Imagine l'énergie qui remonte par tes pieds, en ouvrant tous tes chakras jusqu'au chakra de la couronne. Dans une magnifique boule de lumière, va dans l'univers.

- Traverse l'univers, passe les couches de lumière, passe la lumière dorée, passe la substance de gelée qui représente les lois, et tu arrives dans la lumière blanche étincelante, dans le septième plan de l'existence.

- Donne la commande : « *Créateur de tout ce qui est, il est commandé que le médicament que je prends soit béni depuis sa conception jusqu'à maintenant et plus tard dans le futur. Qu'il soit béni avec la capacité d'être absorbé par mon corps pour m'en donner la meilleure efficacité, sans effet secondaire. Merci, c'est accompli, c'est accompli, c'est accompli.* »

- Imagine l'énergie descendant dans ton espace à travers toutes les cellules de ton corps.

- Lorsque tu as fini, connecte-toi à nouveau à l'énergie de tout ce qui est, prends une grande inspiration, et déconnecte-toi de l'énergie si tu le veux.

PARASITES

Lorsque j'étais petite, je n'arrivais jamais à me lever le matin, et j'étais tout le temps fatiguée – et mince. Ma mère nous disait à moi et à ma sœur : « Vous, les filles, vous devez avoir le ténia ! Vous êtes trop maigres. »

Sais-tu ce que font les parasites ? Ils te rendent vraiment maigre au début. Ainsi, dans les années 1920, les acteurs et les actrices se faisaient contaminer exprès par le ténia pour rester minces. Mais ensuite, le corps pense qu'il meure de faim et commence à stocker de la graisse.

Ma mère avait raison : ma sœur et moi avions le ténia. Je suppose que je l'ai eu parce que je marchais tout le temps pieds nus. Finalement, il y a environ 20 ans, lorsque je suis allée à ma première cure de citron, et j'ai sorti un ver de 3 pieds de long. Après cela, j'étais capable de me lever le matin, et, soudain, j'ai été capable de reconnaître les parasites dans mes relations humaines.

Une fois, j'avais remarqué qu'un des étudiants qui venait suivre mes cours d'été était maigre au point d'être malsain. J'ai senti qu'il avait des parasites en lui, et lui ai suggéré de prendre des mélanges de protéines, des vitamines et, surtout, de suivre une cure de nettoyage des parasites à base de jus de noni. Il l'a fait et a pris presque 30 livres (16 kilos), tout en muscle et en force.

Les parasites peuvent faire deux choses : ils peuvent te rendre trop mince ou te faire prendre beaucoup de poids, mais ils deviennent toujours lourds à la fin parce que ton corps pense qu'il a faim et retient donc la graisse.

Les parasites peuvent aussi aller dans les intestins et libérer beaucoup de résidus acides. Ton corps sait qu'il ne peut pas vivre avec autant d'acides ; il va essayer de les expulser et va les enfermer dans les cellules graisseuses. Cela se passe ainsi, car le corps sait qu'il doit maintenir un équilibre alcalin pour rester en vie.

Ainsi, les parasites peuvent causer l'obésité. Certaines personnes ont perdu 10 à 20 livres (4,5 à 9 kilos) juste en faisant une cure de nettoyage des parasites. Souvent, les personnes qui sont en surpoids, même un peu, ont des parasites. Même les personnes qui ne sont pas en surpoids ou qui sont en sous-poids devraient probablement faire une cure anti-parasites au moins une fois par an.

C'est intéressant de voir que, quand je dis aux gens qu'ils pourraient être en surpoids à cause de parasites, cela change leur regard sur eux-mêmes. Au lieu de se blâmer, ils commencent à croire qu'un parasite est la raison pour laquelle ils sont si lourds, et, peut-être pour la première fois dans leur vie, ils commencent à chercher des raisons et à prendre des décisions pour faire des changements dans leur vie.

Les parasites peuvent venir de deux façons :

1. Comme des microbes (de toutes petites choses, de longs vers et des bactéries).

2. Comme une personne qui s'attache à toi d'une façon peu savoureuse et/ou te prend beaucoup d'énergie.

La suppression de « l'énergie des parasites » dans ta vie peut faire une grande différence sur ta capacité à libérer du poids.

NETTOYAGE DES PARASITES

Un nettoyage des parasites peut être fait de trois façons :

1. En allant chez le médecin.

2. En faisant un travail sur les systèmes de croyances pour libérer les programmes qui permettent aux parasites de s'attacher à toi.

3. En faisant un nettoyage des parasites avec des plantes.

En vérité, tous les trois devraient être en ordre de marche. Pendant une cure de plantes, des croyances et des sentiments peuvent monter à la surface pour être résolus. Il est mieux de faire un travail de système de croyances sur chaque programme de parasites que tu auras en relation avec le poids.

Les questions à te poser sont :

• « Qui sont les personnes parasites dans ma vie ? »

• « À qui j'en veux ? »

Selon qui sont ces personnes et pourquoi tu as le sentiment que tu dois les garder dans ta vie, tu découvriras la croyance ou le programme qui se cache là-dessous.

Il est nécessaire de reconnaître que les parasites nous influencent plus que sur le seul niveau physique. Ils sont attirés par les processus de pensées et les sentiments qui bloquent notre développement sur tous les niveaux : physique, émotionnel, mental et spirituel. Les pensées et les sentiments comme « je dois permettre aux autres de profiter de moi » et « je dois permettre aux autres de m'épuiser » sont des aimants à parasites. Les personnes avec parasites ont des problèmes d'estime de soi.

Lorsque l'on fait un travail sur le système de croyances ou sur les sentiments, nous nous libérons des programmes qui attirent les parasites. Comme nous enlevons, remplaçons et ajoutons des sentiments du Créateur en nous avec le système de croyances, nous aurons la force d'expulser les parasites de l'intérieur de notre corps, tout comme de l'extérieur. Les parasites ne peuvent pas survivre dans ou autour d'un corps qui n'a pas les programmes qui les attirent.

<u>Téléchargements pour expulser les parasites</u>

- « Je sais comment vivre sans être épuisé par les autres. »

- « Je sais comment dire non. »

- « Je sais quand dire non. »

- « Je sais que je suis connecté au Créateur tout le temps. »

- « Je connais la différence entre les émotions de mes parasites et mes propres émotions. »

- « Je sais quand je suis trop fatiguée pour faire quelque chose. »

- « Je sais que je peux vivre ma vie sans avoir besoin d'être un martyre. »

- « Je sais comment vivre sans donner tout mon temps et mes efforts pour faire plaisir à quelqu'un d'autre. »

- « Je sais que la personne à qui je dois faire plaisir est le Créateur de tout ce qui est. »

- « Je sais comment mettre de la bonne nourriture dans mon corps. »

- « Je sais comment commander à mon corps d'avoir le bon équilibre pH. »

Nous ne commandons pas intuitivement à tous les parasites de quitter le corps, étant donné que certaines bactéries parasites aident à digérer la nourriture et qu'il est normal de les abriter ; dans tous les cas, il ne sera pas permis de faire cela parce que tu es protégé spirituellement pour éviter de faire ce genre de choses à toi-même.

Compléments à base de plantes ou compléments alimentaires pour éliminer les parasites

Suggestion de cure anti-parasites pour le ténia et la douve (sur la base des conseils d'un spécialiste qualifié) :

- Poivre de Cayenne

- Clous de girofle

- Ail

- Gingembre

- Cuivre ionique

- Jus ou graines de noni

- Huile d'origan (cela peut être rude pour l'estomac, alors prends-en seulement 2 gouttes)

- Graines ou extraits de graines de citrouille

- Jus frais de 2 carottes, 1 branche de céleri et ½ betterave, avec un peu d'ail et une pincée de gingembre

- Combinaison noix / absinthe (cela ne doit pas être utilisé par les diabétiques)

Suggestions générales :

- Charbon de bois (il tue le giardia et d'autres parasites)

- Argent colloïdal (il tue la levure et toutes sortes de parasites, mais il n'est pas recommandé d'en prendre en permanence)

- Platine colloïdal (il tue la levure et toutes sortes de parasites)

- Thym (il tue les parasites de l'eau potable)

- Rend ton corps alcalin (voir pages 112–113). Si le corps a un équilibre alcalin de 7,2 à 7,4, les parasites auront beaucoup de mal à survivre.

- Fais une cure antiparasites à base de plantes au printemps (pas en hiver, parce que le corps est dans une période de repos). Faire plusieurs cures à la suite est pénible pour le corps, alors fais-les avec discernement. Si tu penses qu'une cure à base de plantes est nécessaire, alors suis ce processus : cure pendant 10 jours, arrêt pendant 5 jours,

cure pendant 10 jours, arrêt pendant 5 jours, cure pendant 10 jours, arrêt pendant 5 jours. Ainsi, tu pourras détruire tous les œufs laissés par les parasites.

Si tu fais une cure antiparasites, il sera bon de l'équilibrer avec un régime alcalin pour que le processus n'affecte pas tes émotions. Les « sentiments » que tu vas ressentir pendant une cure ne seront pas forcément les tiens. Des émotions comme « je vais mourir » viennent de la conscience des parasites et vers qui sont en train de mourir.

Te débarrasser des parasites t'aide aussi à laisser partir les parasites émotionnels (les gens qui t'épuisent) et les « parasites énergétiques », comme les âmes errantes, les attaques spirituelles, etc.

Programme alimentaire pour éviter les parasites

Toutes les viandes et tous les légumes ont des parasites qui y sont rattachés. Néanmoins, plus le système de croyances est stable, moins tu attraperas de parasites.

Pour éviter les parasites, il est essentiel d'éviter de trop manger, et de mâcher tous les aliments complètement. Cela permet à la nourriture d'être digérée correctement et facilite l'absorption des nutriments. Les parasites se développent dans un environnement humide, souvent créé par les aliments mal digérés.

Mange des aliments amers, chauds et aigres, car ils aident à éliminer les parasites.

Choisis des aliments qui expulsent les parasites. Ceux-ci ont des propriétés antiparasites :

- *Légumes bénéfiques :* betteraves, choux, carottes, ail, poireaux, oignons, radis et oseille.

- *Épices efficaces :* fenouil, clou de girofle, poivre de Cayenne, sauge, gingembre, raifort et thym.

- *Aliments additionnels efficaces :* amandes (à utiliser avec parcimonie), varech et prunes umeboshi. Les graines de citrouille peuvent particulièrement aider, puisqu'elles détruisent les parasites ; elles peuvent être mangées comme un snack.

5

Libérer du poids –
Étape 3 :
La chanson du cœur

En juillet 2006, comme je l'ai raconté dans ThetaHealing avancé, j'ai commencé à me sentir extrêmement fatiguée. Pensant que mes poumons étaient le problème, j'ai commencé à leur prodiguer des soins. Pendant un de ces soins, la voix du Créateur est venue dans ma tête et m'a demandé : « Que fais-tu ? »

J'ai répondu : « Je travaille sur mes poumons. »

Le Créateur a dit : « Ce ne sont pas tes poumons. Tu as une insuffisance cardiaque congestive. »

J'ai pleuré de désespoir : « Ce n'est pas possible ! Je suis trop jeune. »

Pour être sûre, j'ai pris rendez-vous chez le médecin. Après m'avoir fait quelques tests, il m'a dit : « Vous avez une insuffisance cardiaque congestive. Je suis désolé. »

J'ai demandé : « Que dois-je faire ? Comment ça se soigne ? »

Le médecin a répondu : « Essayez les médicaments et vous verrez si cela fonctionne. Puisque vous êtes jeune, vous pouvez vous inscrire sur une liste d'attente pour une transplantation cardiaque. »

Dans ce moment de désolation, j'ai pleuré : « Pas encore ! Encore une fois, un médecin est en train de me dire que je vais mourir. » Je suis tombée dans des abysses : « Pauvre de moi ! » Ce qui me décevait vraiment dans cette situation était que j'avais fait tellement de travail sur les systèmes de croyances et que, maintenant, je savais que je devais en faire encore plus.

J'ai commencé à prendre les médicaments, en pensant : « Bon, j'ai promis de donner le prochain séminaire de ThetaHealing. Je dois tenir cette promesse. »

Environ deux semaines avant de partir pour Rome, où je devais donner le séminaire, j'avais des invités à la maison. C'étaient des musiciens professionnels de New York qui participaient à mon cours sur l'anatomie intuitive. Ils étaient venus manger et jouer un peu de musique. L'un d'eux jouait d'un magnifique alto. Le son qui ressortait de cet instrument était plein de mélancolie et tirait sur la corde sensible.

L'autre musicien me demanda de l'aider à composer un peu de musique. Il m'a demandé de chanter la musique que j'avais dans le cœur. Je me suis levée et, connectée au septième plan, j'ai commencé à chanter sur un ton lugubre, en sentant une émotion étrange venir de mon cœur. Comme je sentais que ces énergies sortaient à travers le son que je chantais, j'ai soudain vu toutes les raisons de mon malheur et de ma maladie. J'ai réalisé que je retenais d'anciens chagrins dans les molécules de mon cœur. J'ai toujours travaillé sur mes croyances sans penser à libérer mon cœur des anciennes douleurs qu'il gardait. C'est pourquoi je continuais de sentir une sorte de souffrance immobile dans mon cœur. J'ai fermé les yeux et laissé toute cette souffrance sortir dans ce son qui venait de

mon cœur. J'ai continué à tenir ce son jusqu'à ce que je n'aie plus d'air, et puis j'ai recommencé.

Lorsque j'ai fini et que la musique s'est arrêtée, j'ai ouvert les yeux et j'ai vu que les personnes dans la pièce étaient en train de pleurer. À ce moment-là, j'ai réalisé que j'avais trouvé un moyen pour faire fondre la douleur et la souffrance dans le cœur des autres également.

Il y en aurait plus à dire sur cette histoire, mais l'essentiel était que mon cœur était guéri.

Après cela, j'ai commencé à perdre du poids. J'ai perdu 2 livres (0,9 kilo) chaque jour, jusqu'à avoir perdu 30 livres (13,6 kilos). Je pense que c'est parce que je me suis libérée de la tristesse que je portais.

Tu ne devras peut-être jamais faire de l'exercice, mais si tu sens que tu ne veux pas en faire, tu dois probablement en faire.

Pendant l'exercice, monte et demande au Créateur de libérer tous les chagrins et tristesses qui ne sont plus utiles, ou que tu ne veux plus garder. Mais tu vas aussi libérer quelque chose d'autre : la pure frustration de chaque instant de vie où tu as essayé de réveiller le monde et échoué. (Tu devrais télécharger la connaissance indiquant que cette fois tu réussiras.)

Lorsque tu es né, tu es arrivé dans un système de grille particulier. Tu n'as pas seulement choisi ta date de naissance, mais également la façon dont les étoiles étaient alignées. C'est ainsi que tu pourras réaliser tout ce que tu as appris. Il n'y a pas d'erreurs dans l'univers. Tu as choisi le moment précis de ton arrivée, et quand tu es arrivé, tu es venu à travers l'énergie émotionnelle de ce monde. Toutes les mères qui pleurent,

tous les moments tristes, qui se sont passés sur cette Terre, ont été enregistrés dans ton corps. Alors, quand tu libères ce chagrin, tu ne le libères pas que de toi et de la terre, mais tu le libères aussi de ta génétique, de tes ancêtres et de tes vies passées. Tu le libères de tous tes organes. La chanson du cœur est un exercice du sixième plan, qui utilise les vibrations pour soigner et réinitialiser le corps.

La chanson du cœur

Ce processus consiste à libérer le chagrin et la colère, à tous les niveaux, à travers un son continu qui vient du cœur et qui est recréé par la voix. Le praticien doit guider le client à travers le processus. Seule la voix du client est capable de libérer le chagrin et la douleur sur son cœur. Le praticien ne peut pas les libérer pour le client et ne peut que l'aider en l'encourageant à créer ce son, en suivant le chemin suivant :

• Centre-toi dans ton cœur et visualise-toi descendre vers la Terre Mère, qui est une partie de tout ce qui est.

• Visualise l'énergie qui remonte à travers tes pieds, en ouvrant chacun de tes chakras jusqu'au chakra de la couronne. Dans une magnifique boule de lumière, traverse l'univers.

- Va au-delà de l'univers, passe les couches de lumière, passe la lumière dorée, passe la substance gélatineuse qui est les lois, dans une lumière blanche étincelante, dans le septième plan de l'existence.

- Donne la commande : *« Créateur de tout ce qui est, je commande que le chagrin soit libéré du cœur à travers un son de ma voix. Merci. C'est accompli. C'est accompli. C'est accompli. »*

- Imagine que tu descends profondément dans ton cœur. Écoute la triste chanson que ton cœur est en train de chanter. Laisse le son sortir dans ta voix. Ce ne sera pas un son fort, mais un son stable et neutre. Si tu « éjectes » le chagrin, il reviendra complètement, alors libère-le lentement à travers un son.

- Lorsque tu écoutes le son, écoute toutes les rancunes, les frustrations, avec la guerre, la famine, la haine et la colère que tu as enfermées dans ton cœur. Laisse le son sortir de ta bouche.

- Fais cela avec tous les organes de ton corps, en te déplaçant de ton corps vers ton plexus solaire, puis l'estomac, et vers d'autres endroits que tu choisis. Si tu te sens épuisé, commence quand même dans tes glandes surrénales et tes reins, pour que tu puisses avoir un peu d'énergie en te déplaçant dans le corps. Concentre-toi sur la libération de l'énergie de chaque organe jusqu'à ce que tu sois sûr qu'elle soit partie, et puis déplace-toi vers les prochains organes.

- Rappelle-toi que tu ne fais pas cela que pour toi, mais pour ta famille aussi. Lorsque les gens commencent à se libérer de leur tristesse pour la première fois, ils ont souvent envie de s'enfuir. Rappelle-toi que tu dois finir ce processus pour ta famille.

- Lorsque tu as fini, connecte-toi à nouveau à l'énergie de tout ce qui est, prends une grande inspiration et fais une coupure énergique si tu le souhaites.

Pour savoir si le processus est terminé, il faut sentir que c'est terminé. Tu sentiras avoir libéré toute la douleur et la colère accumulées dans ton cœur et d'autres organes, et il restera un sentiment d'énergie et de joie.

Ce processus peut être fait plus qu'une fois, si tu as besoin de libérer ton chagrin par couche.

Si tu travailles avec des clients et qu'ils ne se sentent pas à l'aise en libérant leur chagrin accumulé devant une autre personne, ils peuvent continuer le processus lorsqu'ils seront seuls.

••

Une de mes étudiantes a mis quatre jours pour ressentir qu'elle avait fini le processus. J'ai mis environ six heures pour tout mon corps.

Ce qui est intéressant est que la plupart des gens qui ont besoin de perdre du poids libéreront beaucoup d'énergie du plexus solaire, qui est la partie représentant la douleur de perdre un

enfant et d'autres membres de la famille, et de la zone de la gorge, qui est la partie représentant les problèmes de thyroïde, et les problèmes surgissant quand tu ne t'exprimes pas, quand tu n'arrives pas à t'exprimer, ou quand tu t'exprimes trop. La plupart des guérisseurs ont rencontré un petit blocage juste dans la thyroïde, parce qu'ils ont peur de blesser les sentiments des autres.

LIBÉRER LA TRISTESSE

La tristesse de la famille

Lorsque je donne un cours, je peux toujours désigner les personnes qui ont été choisies pour porter les charges énergétiques de leur famille. Généralement, ils sont un peu plus lourds que les autres membres de la famille et ont une maison en désordre. La façon dont tu tiens ta maison est un reflet de tes croyances, génétiques ou autres. Si ta maison est encombrée, tu as également trop de désordres génétiques. Dans la société occidentale, c'est toujours plus répandu pendant les vacances.

Nous avons tous des perceptions de nous-mêmes et des autres et nous avons tendance à jouer un rôle dans la famille pour correspondre à ces images. Certaines personnes pensent, par exemple, que s'ils sont grands-parents, ils doivent être câlins. « Les grands-mères doivent être grosses. » À présent, tu te rendras compte que si tu as cette croyance, un travail est à faire.

Comme nous l'avons vu, dans les anciennes sociétés, les personnes qui étaient plus grosses étaient celles qui étaient respectées. Donc, en fonction de ton ADN et de tes gènes,

ton corps peut s'attendre à gagner du respect, même si c'est depuis dix générations. Tout ce qui se passe dans ton corps a un but, même s'il semble que ce ne soit pas toujours le mieux pour toi.

Libérer ta propre tristesse libérera aussi les charges énergétiques de ta famille.

La tristesse de la terre

Lorsque tu libères de la tristesse avec la chanson du cœur, elle sera libérée de la terre également. Et ce, parce que tu peux être en train de porter dans ton ADN des résidus de ce qui s'est passé dans ton pays. Si ton pays a été le site d'une guerre, par exemple, il y aura beaucoup de douleurs à libérer. En effet, nous avons tous perdu des êtres chers, parmi nos ancêtres, pendant la guerre. Nous ne nous en souvenons peut-être pas, mais nos grands-parents si, ou nos parents. Cela ne fait peut-être pas si longtemps. Cette tristesse peut être libérée avec la chanson du cœur.

Si tu as déménagé de ton pays d'origine, la chanson du cœur libérera les deux lieux, là où tu es né et là où tu vis maintenant. Après sept ans de vie dans un endroit, tu commenceras à prendre les vibrations émotionnelles de cet endroit, et cela inclut quelques tristesses.

Même si tu libères la tristesse d'un pays qui n'est pas le tien, lorsque tu le visites, cela aidera ta propre terre et celle sur laquelle tu te trouves. C'est pour cela que j'ai commencé à dire à mes professeurs d'effectuer ce processus où qu'ils se rendent – et c'est pourquoi nous l'avons fait en cours lorsque je suis allée en Allemagne.

J'ai découvert que l'Allemagne et beaucoup d'autres parties de l'Europe ne s'étaient pas remises de la dévastation de la Seconde Guerre mondiale – les émotions étaient toujours là. La tristesse de ce temps-là a beaucoup imprégné la terre et était dans les gens, comme elle l'est chez les juifs et certaines personnes au Japon.

De même, lorsque tu te rends au sud des États-Unis, tu remarqueras que les habitants ne se sont pas remis de la guerre civile. La tristesse de ces jours-là est toujours dans la terre et dans les personnes. Si tu vas dans des endroits où des batailles de la guerre civile se sont déroulées, tu pourras voir mentalement des soldats se battre encore dans les champs.

Toute forme de douleur ou de souffrance laisse des marques sur la terre ou sur son peuple. Une fois, j'ai travaillé sur un homme américano-africain qui était pasteur baptiste et qui avait des problèmes avec les esclaves noirs américains. Comme tu le sais, lorsque les Européens ont commencé à venir en Amérique, ils ont ramené avec eux des esclaves noirs. Ils ne les traitaient pas tous mal, et en ce temps-là, il était normal pour les gens d'avoir des esclaves. Quelques-uns des propriétaires de plantations du Sud traitaient leurs esclaves mieux que les autres, selon le moment et l'endroit. Cependant, cet homme était rempli du chagrin et de la colère de ce commerce d'esclaves. Pour lui, c'était comme si cela était arrivé la veille. À travers la chanson du cœur, il a libéré ces sentiments de ses gènes, de son histoire, et probablement de la terre où il avait grandi, et lorsqu'il eut fini, je pouvais voir dans ses yeux que le soulagement et la joie avaient remplacé la tristesse. Il était prêt à avancer dans sa vie.

Il est important d'être conscient de l'énergie qui vient de la terre et de ses habitants. Tu peux parler aux personnes de là où je vis,

dans l'Idaho, et ils te diront qu'il faut être fort pour vivre dans l'Idaho. C'est vrai, car nous avons vraiment des hivers froids, et cette terre a été colonisée par des personnes qui n'avaient rien et qui devaient être fortes pour vivre ici. J'ai appelé ce lieu « terre colonisée » et cette attitude « mentalité colonisée ». Tu devrais voir la terre à Roberts. J'ai vécu dans un endroit qui était infesté par des moustiques, des mouches, la chaleur, des souris, des araignées et l'odeur des vaches, et si tu dis quoi que ce soit à quelqu'un là-bas sur ces conditions, ils te diront de « devenir cowboy ». Tu dois toujours être fort pour vivre dans l'Idaho, et si tu ne l'aimes pas, tu peux repartir ! Alors quelle est l'énergie de la terre ? Sois fort, sois dur.

Demande-toi : que s'est-il passé sur ta terre ? As-tu une idée de la manière dont vivaient tes ancêtres ? Quelles batailles s'y sont déroulées ? Quelles trahisons ont eu lieu ? En Amérique, les colonisateurs anglais ont fait la paix avec les Américains natifs, puis ont tourné autour et ont pris leur terre. Les îles néerlandaises et anglaises ont fait des choses folles ! Et qu'en est-il de la Russie ? Quel est l'héritage de cette terre ? Dois-tu être fort pour vivre en Russie ?

Mais qu'en sera-t-il si tu ne dois pas porter les épreuves de tes ancêtres ? Eh bien, tu ne devras pas les porter. Avec la chanson du cœur, tu peux nettoyer la tristesse de tes ancêtres même dans le monde spirituel.

La raison de cela est que la chanson du cœur est directement connectée à la conscience collective de l'humanité. Avec ce processus, nous libérons la souffrance de toute l'humanité. Beaucoup de personnes qui font cet exercice se connecteront au son universel qui libère la colère, la haine et le chagrin à un niveau universel, et cela nous sera bénéfique à tous.

6

Libérer du poids –
Étape 4 :
Bénis ta nourriture,
bénis ton corps, moins
c'est mieux

Un jour, j'ai demandé : « Créateur, pourquoi suis-je en surpoids ? » Comme toujours, le Créateur m'a répondu patiemment. Il m'a dit : « Vianna, tu as un corps résilient. Tu devrais bénir ton corps. Encourage ton corps, ne le décourage pas. Bénis-le. Les bénédictions sont plus fortes que les malédictions. »

Cela m'a amené à prendre en compte la relation entre le corps et l'esprit.

CORPS ET ESPRIT

« Manger, c'est mal… »

Connais-tu ton corps ? Connais-tu la taille de ton estomac ? As-tu déjà touché et dit bonjour à ton estomac ?

L'une des premières choses que tu devrais prendre en compte, si tu es en surpoids, est de faire connaissance avec ton système intestinal. Cela commence lorsque ta nourriture entre dans ta bouche. Comment te sens-tu par rapport à ta nourriture ?

Ce qui arrive à certaines personnes est qu'elles développent une haine de la nourriture et de leur propre corps. Par exemple, si elles mangent compulsivement beaucoup de nourriture en une seule fois, elles deviendront ensuite en colère contre elles-mêmes et souhaiteront ne pas avoir fait cela. Lorsqu'elles font cela, elles affectent l'habileté du corps à faire descendre la nourriture et à la transformer proprement en énergie. Cela arrive, car le corps reçoit des messages différents. Ce qui peut arriver à ce moment-là est que toute cette nourriture soit transformée en graisse. Donc, si tu ne t'aimes pas et que tu penses que la nourriture est mauvaise, non seulement tu arrêteras une partie de ton processus digestif, mais tu deviendras également plus gros.

Sois sympa avec toi-même – si tu as imploré quelque chose, puis si tu l'as mangé, dans de nombreux cas, cela se fera parce que ton corps en avait besoin à ce moment-là. Fais confiance à ton corps – ne sois pas en colère contre lui.

On dit que les personnes qui sont en surpoids ont des hormones qui ne fonctionnent pas correctement et qui n'envoient pas à leur estomac le signal qu'il est plein et qu'il devrait arrêter de manger. Je ne suis pas sûre de cela, mais je sais qu'il y a plusieurs raisons qui expliquent pourquoi certaines personnes mangent tout le temps :

Afin de se sentir le présent. Certaines personnes vivent trop dans le futur et ont besoin d'être dans le présent, spirituellement, mentalement et physiquement.

Parce qu'elles ont faim. Cela peut arriver, car leur nourriture n'a aucune valeur nutritionnelle. Cela a pour conséquence que leur corps envoie le signal qu'il a besoin de plus de nourriture

afin d'obtenir les nutriments dont il a besoin, et la personne finira par manger tout le temps et prendra du poids.

Parce que leur corps ne peut pas absorber les nutriments de la nourriture, car il a des parasites. Les parasites peuvent également donner faim aux personnes. Une cure antiparasites peut être indiquée (voir pages 84 à 85).

Parce qu'elles restent assises devant la télévision en mangeant des chips ! Beaucoup de personnes disent qu'elles mangent plus lorsqu'elles font cela. Beaucoup de chips sont maintenant cuites avec des omégas 3, ce n'est donc plus une pratique aussi préjudiciable qu'autrefois, mais ce n'est toujours pas recommandé.

Ce qui est intéressant est que la plupart des personnes qui sont en surpoids ne mangent pas tout le temps. En fait, la raison pour laquelle certaines sont grosses est qu'elles ne mangent qu'une fois par jour, et se gavent. Il est préférable de manger trois repas à horaires planifiés par jour, et deux snacks, plutôt qu'un immense repas.

Les personnes qui sont obèses à cause de médicaments ont aussi tendance à oublier de prendre des repas réguliers. Les fruits et les légumes sont un plus pour ces personnes, puisqu'elles ont besoin de quelque chose pour nettoyer leur système intestinal.

La nourriture est ce que tu en fais !

En soi, manger n'est pas mal. Où en serions-nous sans la nourriture ? Pour la plupart d'entre nous, manger une nourriture saine nous aidera à perdre du poids.

De la nourriture saine, c'est quoi ? Pourquoi est-ce sain exactement ? Parce que nous pensons que c'est bon pour nous. Notre esprit joue un rôle beaucoup plus important que nous pouvons le penser. As-tu déjà mangé un morceau de gâteau au chocolat en te sentant coupable de le manger ? Le gâteau au chocolat a une conscience qui lui est propre, et un message a été envoyé avec lui dans ton corps. Alors, ton corps n'atteint pas les nutriments qui sont dans le gâteau, parce que tu lui as dit que le gâteau était toxique ; et le corps est intelligent – plus intelligent que la science ne le reconnaît. Donc il rejettera les nutriments, mais prendra toutes les toxines du gâteau et les enfermera dans des cellules graisseuses.

Pour prendre un autre exemple : pour la pensée alternative, le sucre blanc est un poison, mais comme tout excès. Tu manges en fait énormément de sucre en un an (la plupart du temps sans le savoir) et tu n'en meurs pas. Oublie la pensée que le sucre blanc (pris en quantité modérée) est toxique. Comprenons-nous bien : trop de quoi que ce soit est toxique, et trop de sucre n'est pas bon. Mais nous mangeons tous du sucre et notre corps se débrouille bien avec ça.

Ce que je pense être toxique en petite quantité sont les édulcorants artificiels comme la saccharine et l'aspartame. Je pense qu'ils sont beaucoup plus durs à assimiler pour le corps que le sucre blanc, et ils peuvent être cancérogènes.

La Société américaine du cancer a découvert que les personnes qui utilisent des édulcorants artificiels prennent en fait du poids au lieu d'en perdre. Les édulcorants artificiels sont beaucoup plus néfastes pour le corps que le sucre normal. La stévia, d'un autre côté, semble être un édulcorant artificiel non toxique qui peut être utilisé comme alternative au sucre.

Et le chocolat, utilisé judicieusement, peut réellement être une aide pour perdre du poids, comme je l'avais prédit il y a quelques années.

La clé est d'apprendre à travailler avec ton corps. Il fait de son mieux pour te servir. Si tu te réveilles au milieu de la nuit et que tu as envie de chips, cela signifie que ton corps a besoin de quelque chose. C'est ton choix de demander au Créateur ce que c'est.

Ce qui est important est d'atteindre un point où tu absorberas ta nourriture correctement, et puis tu n'en auras plus autant besoin. Tu l'absorberas si tu arrêtes de la haïr et de haïr ton corps. Télécharge :

- « Je deviens le moi parfait. »

- « Mon corps est fort. »

- « Je suis magnifique. »

- « Je suis en bonne santé. »

LE DANGER DES RÉGIMES

Si tu commences un régime, la première chose que tu perdras est de l'eau. Tu pourras perdre 10 livres (4,5 kilos), mais ce ne sera que de l'eau. Dès que ton corps perdra ce poids en eau, il paniquera automatiquement et luttera pour conserver la graisse. Même si tu réduis ta consommation de nourriture à un petit bout de salade par jour, ton corps s'accrochera à sa graisse et ne la libérera pas. Il fait cela pour qu'en moment de crise, il puisse libérer la graisse pour l'utiliser. Il fera fondre les muscles avant de libérer la graisse, parce que la graisse a plus

de valeur en temps de crise. Et si tu ne manges que de petites portions de nourriture, ton corps pensera qu'il a besoin de se préparer à une crise.

Malheureusement, dans toutes les situations, le concept consistant à « faire un régime » est lié à des programmes négatifs. Beaucoup d'entre nous ne parviennent pas à comprendre ceci au début, et nous finissons par sentir que nous nous privons de la nourriture dont nous sommes habitués, au lieu d'embrasser le projet comme une expérience positive.

La pire chose avec un régime est que tu perds du poids, mais dès que tu recommences à te nourrir normalement, tu reprendras tout le poids perdu. Il peut te sembler que tu n'arrives nulle part. Je connais des personnes qui sont si fatiguées de faire des régimes qu'elles en font trop et qu'elles mangent ensuite comme des folles.

J'ai lu dans un magazine que quelqu'un avait créé une pastille de régime qui stopperait l'absorption des glucides. J'ai été dubitative. Sais-tu ce que sont les glucides ? C'est une des cinq choses qui maintiennent ton corps, à savoir :

1. Les glucides (sucres)

2. Les lipides (huiles)

3. Les protéines, une énergie complexe qui se décompose en sucres, que votre corps utilise pour...

4. L'ATP et bien sûr...

5. Les acides nucléiques.

Donc, évidemment, tu as besoin de glucides pour vivre. Pourquoi prendrais-tu une pastille qui empêcherait ton corps de les absorber ? Ce ne semble pas être bon pour toi.

Un petit conseil est d'arrêter de compter les calories et de commencer à compter les glucides. Un repas qui consiste en un steak, une pomme de terre cuite et une portion de légumes revient à un peu plus de 35 grammes de glucides, et ce, avec du beurre sur la pomme de terre, alors qu'un cola en a une quantité énorme : 45 grammes de glucides ! C'est pourquoi nous devrions choisir le bon type de sucre et le bon type de régime. Par exemple, les pommes de terre sont bonnes pour toi, malgré le battage publicitaire sur le fait qu'elles feraient grossir. Elles ont plus de vitamines et de minéraux que beaucoup d'autres aliments. Et sur les pommes de terre, la margarine est pire que le beurre !

VÉGÉTARIENS ET AUTRES RÉGIMES

Il existe de nombreux régimes, et il est vrai que les personnes qui mangent uniquement des protéines sont plus fines que d'autres, mais certaines personnes peuvent en effet s'alimenter « en agression ». Les régimes à bas cholestérol comme tous les régimes protéinés (un régime faible en omégas) peuvent causer un comportement agressif.

J'ai enseigné à beaucoup de végétariens, et la moitié d'entre eux sont en surpoids. Beaucoup d'entre eux ne savent pas comment être végétariens et ont une vie déficitaire en protéines. Donc, lorsqu'il s'agit de soulever des charges lourdes, ils sont épuisés. Il est impératif pour les végétariens d'apprendre à suivre un régime sain.

Les végétariens qui réfléchissent savent qu'il faut des protéines, alors ils mangent des haricots, des avocats et d'autres fruits et légumes qui contiennent des protéines.

Comme on l'a déjà mentionné, un régime alcalin rendra le corps inhabitable pour les parasites – et cela vaut pour les bactéries, les virus, les champignons, et d'autres microbes aussi. Le corps a besoin d'être à un pH entre 7,2 et 7,4 pour résister aux parasites, aux levures, aux bactéries et à d'autres défis. Il est équipé pour combattre les virus, les bactéries et les parasites, mais s'il devient trop acide, le système immunitaire est stressé et peut perdre le contrôle. Lorsqu'il est alcalin, à l'inverse, tous les organes seront équilibrés.

Les concombres, les épinards, les avocats, et d'autres légumes verts sont de la nourriture alcaline, tandis que la plupart des fruits sont acides.

L'attitude mentale joue également un rôle. Plus une personne est positive, plus le corps est alcalin. Plus elle est négative, plus son corps est acide.

Nous le savons par expérience : lorsque nous avons effectué un cours d'anatomie intuitive à Hawaï, nous avons nettoyé tellement de problèmes de nos étudiants qu'à la fin des trois semaines, le pH de tout le monde était de 7,2 – et ils mangeaient toujours des gâteaux au chocolat. Le travail sur le système de croyances a rendu toute ma classe alcaline en un rien de temps.

En théorie, tu devrais manger de la nourriture alcaline pour garder ton alcalinité à 7,2, et alors plus rien ne pourrait te rendre malade. Cependant, certains clients qui sont venus vers

moi en étant alcalins et toujours malades. J'ai découvert que la raison était qu'ils n'avaient pas nettoyé leur rancune et leur colère.

Je ne cherche pas à te diriger vers un régime plutôt qu'un autre. Ce que je te dis est de bénir tout régime que tu commences…

BÉNIS TA NOURRITURE

Je sais que les cellules parlent aux cellules, et c'est pour cela que je sais que mes cellules peuvent parler à tes cellules. Je sais que lorsque je regarde dans ton espace, je vois des choses qui te sont arrivées lorsque tu étais enfant. Je sais que toute chose sur Terre à une mémoire. Donc, quand tu manges de la nourriture, tu absorbes toute l'énergie de cette nourriture et tout ce qu'elle a traversé dans sa vie.

J'ai eu une fois quelqu'un qui m'expliquait son interprétation de la réincarnation : un homme meurt, ils le brûlent, l'herbe pousse, la vache mange l'herbe, l'homme tire sur la vache et la mange et a la mémoire de l'autre homme. Maintenant, je sais que ça ne fonctionne probablement pas de façon si extrême, mais je crois que dans une certaine mesure, tu prends les souvenirs de tout ce que tu mets dans ta bouche. Si tu manges une plante qui a grandi dans un environnement sain, aimable, beau et plein de joie, je pense que tu auras de la santé, de l'amour, de la beauté et de la joie en la mangeant. Donc je pense aussi que si tu mangeais un animal qui a été tenu en captivité, souvent traité avec barbarie, tu sentirais une sorte de colère s'échappant de la nourriture. As-tu déjà vu ce qui arrive aux cochons ? Ils sont enfermés comme des prisonniers. Ou aux vaches laitières ? Elles se nourrissent et boivent du lait en étant gardées prisonnières dans la ferme, et si elles tombent

malades, elles sont abattues. Et tu manges du fromage et tu bois du lait. Donc je pense que lorsque des personnes ont étudié le bouddhisme ou l'hindouisme, qui te disent de ne pas manger certains types d'aliments parce qu'ils pourraient être tes ancêtres, il y a quelque chose de vrai, parce qu'ils savent que tu obtiendras l'essence de la nourriture.

Je ne vais pas te dire de ne pas manger de vaches ou de cochons, mais de faire quelque chose de différent lorsque tu manges : bénis ta nourriture et bénis-la depuis le tout début ; depuis qu'elle est née jusqu'au moment où tu la manges, ou du temps que c'était une graine jusqu'à ce que tu la manges. Dans de nombreux cas, particulièrement depuis l'avènement de l'agriculture moderne, nous nourrissions nos plantes pauvrement. Nous leur donnons beaucoup de composés azotés pour qu'elles paraissent belles et vertes. Mais les plantes ont besoin de plus que cela – elles ont besoin de vitamines et de minéraux pour grandir, tout comme nous.

La méditation pour bénir la nourriture

- Centre-toi dans ton cœur et visualise-toi descendre vers la Terre Mère, qui est une partie de tout ce qui est.

- Visualise l'énergie remontée par tes pieds, ouvrant chaque chakra jusqu'au chakra de la couronne.
  Dans une magnifique boule de lumière, va à travers l'univers.

- Va au-delà de l'univers, passe les couches de lumière, passe la lumière dorée, passe la substance gélatineuse qui est les lois, jusque dans la lumière blanche étincelante, dans le septième plan de l'existence.

- Donne la commande : « *Créateur de tout ce qui est, il est commandé que cette nourriture que je suis sur le point de manger soit bénie depuis le temps où elle était une graine, depuis le moment où elle a été imaginée, jusque dans le présent et dans le futur. Qu'elle soit bénie avec la capacité d'être absorbée par mon corps, pour me donner la meilleure nutrition possible. Que sa source, que ce soit un animal ou une plante, soit bénie et remerciée pour me donner l'énergie de la vie. Que les esprits de mes frères et sœurs, les plantes et les animaux, soient envoyés dans la lumière de Dieu. Il est commandé que tout ce que je mange soit suralimenté, que je l'absorbe et que j'en devienne fort. Merci. C'est accompli. C'est accompli. C'est accompli.* »

- Imagine l'énergie venir dans ta nourriture.

- Lorsque tu as fini, connecte-toi à nouveau à tout ce qui est, prends une grande inspiration et fais une coupure énergétique si tu le souhaites.

MOINS C'EST MIEUX

À un moment, je ne mangeais pas beaucoup pendant une longue période, ou je ne mangeais pas du tout. Mais j'ai découvert que si tu fais cela, ton corps pense que tu meurs de faim et tu ne perdras pas de poids.

Un système qui fonctionne bien est le régime pour les diabétiques dont je parle plus loin dans ce livre (voir page 149). C'est lorsque tu ne manges que 30 grammes de glucides par repas et 15 à 20 grammes de glucides pour un snack, mais tu dois manger trois fois par jour, et un snack deux fois par jour. Une des choses les plus étranges qui s'est passée lorsque j'ai suivi ce régime est que je mangeais en fait plus !

Tu devrais savoir que les personnes qui ne prennent pas de petit déjeuner prennent du poids. Tu dois manger quelque chose le matin, et cela aide si tu manges moins de 30 grammes de glucides. Dans une étude, il a été découvert que les adolescents américains qui prenaient un petit déjeuner tous les matins pesaient 15 livres (7 kilos) de moins que ceux qui ne prenaient pas de petit déjeuner. La théorie est que, lorsque les gens sont pressés, puis consomment beaucoup de nourriture tout d'un coup, ils ont tendance à stocker de la graisse, voire à devenir obèses.

De petits repas espacés tout au long de la journée sont bien meilleurs pour toi que de prendre un grand repas d'un coup. Une surveillance stricte de la consommation de glucides (pas des calories) sera utile dans un régime.

Le régime diabétique qui dit de manger 30 grammes de glucides par repas et 15 à 20 grammes de glucides en deux snacks par jour réduira le poids du corps et diminuera le taux de glucose dans le sang. Les glucides sont présents dans les aliments tels que le pain, les légumes, les fruits et les pâtes. Lire les étiquettes relatives aux glucides est la clé pour les diabétiques. Dans de nombreux cas, le diabète

peut être amélioré avec de l'exercice et un régime pauvre en glucides. Augmenter les fibres aidera aussi.

Tu peux aussi constater une amélioration importante juste en éliminant le pain blanc et le gluten.

Cela est très bien si tu ne voyages pas. Or, je voyage, et malheureusement, à cause de cela, je mange ce qui est disponible. Mais j'ai trouvé une solution : je dis juste à mon corps : « Moins, c'est mieux. » Donc plutôt que de manger beaucoup de nourriture, je ne mange que certains aliments spécifiques et que j'aime. Si je veux un donut, j'en achète un, mais je n'en mange que la moitié, parce que « moins, c'est mieux ». Ce qui se passe habituellement, c'est que tout à coup, je n'ai plus faim pendant que je mange le donut, alors je ne le mange pas en entier.

Tu devrais pouvoir manger ce que tu souhaites, mais il est mieux de télécharger que tu deviennes rassasié rapidement et que tous les nutriments dans la nourriture soient donnés à ton corps et complètement absorbés. Aussi, choisis des aliments qui n'ont pas de graisses saturées. Les graisses animales devraient être réduites à leur minimum. Cependant, tu dois être sûr d'ingérer les protéines adéquates. Assure-toi de boire assez d'eau pour rester hydraté aussi – c'est très important.

Je peux dire honnêtement qu'aujourd'hui, je mange ce dont j'ai envie, et je demande de la nourriture qui est bonne pour moi. C'est toute la différence : manger de la nourriture saine et variée, mais pas en excès. Si je me permets de prendre une part de gâteau, je m'assure de ne pas me faire

de soucis pour cela, parce que si je me fais trop de soucis, un programme se créera. Bien sûr, il est préférable que je ne prenne qu'une ou deux bouchées de gâteau de toute façon (moins, c'est mieux), mais je m'assure de ne pas me laisser gagner par la culpabilité à cause de ces bouchées.

Tu peux même télécharger « moins [de substance] c'est mieux », pour les personnes qui essaient de combattre les addictions.

Et bien entendu, un bon téléchargement à faire est : « Moins me semble mieux. »

Ce que tu fais va vraiment changer la façon dont tu te sens par rapport à la nourriture.

7

Libérer du poids –
Étape 5 :
Entraîne-toi sans
entraînement

Te rappelles-tu le message que le Créateur m'a donné ? « Vianna, chaque personne qui te dit que tu peux perdre du poids sans faire d'exercice est en train d'essayer de te vendre quelque chose. Tu dois faire de l'exercice ! Et si tu ne peux pas faire d'exercice tous les jours, ton cerveau doit penser que tu fais de l'exercice tous les jours. »

Donc, maintenant, je vais vous montrer comment libérer du poids en utilisant votre inconscient et le Créateur.

Ne pense pas que tu puisses rester au lit toute la journée et libérer du poids. Ton corps a besoin de bouger.

C'était une mauvaise nouvelle pour moi. J'ai toujours voulu un équipement qui ferait de l'exercice pour moi. J'aime quand les machines s'occupent des corvées. Je pense que la machine à laver est la meilleure invention de tous les temps ! Nous avons des machines à laver, des sèche-linge, des lave-vaisselle, alors pourquoi pas une machine qui ferait de l'exercice à notre place ? Mais ce n'est pas pour cela que nous sommes dans un corps humain : nous sommes dans un corps humain pour avoir une expérience à travers ce corps, et cela signifie que nous avons besoin de bouger de temps en temps. Regardons donc tout d'abord comment faire de vrais exercices.

COURIR... DE LA BONNE MANIÈRE

Lorsque je m'entraînais pour la sécurité nucléaire, j'étais en bonne forme, même si j'avais de l'asthme quand je courais. Lorsque j'avais fini, je pouvais faire 59 push-ups en une minute, et 57 sit-ups en une minute, et j'ai détenu le record de la deuxième femme la plus rapide pour la course « river run » – une course de deux miles (3,2 km) dans l'Idaho Falls. Et ce, parce que j'ai appris comment respirer et bouger de la bonne manière en courant. Je t'expliquerai cela plus tard. Quand je courais, j'écoutais une musique spécifique pour que je puisse la chanter, et cela m'aidait à me concentrer. Lorsque j'écoutais cette musique et que je n'étais pas en train de courir, je pouvais m'imaginer dehors en train de courir. Mais lorsque je m'entraînais pour la sécurité nucléaire, je courais tous les jours.

La plupart des femmes courent plus lentement que les hommes. Biologiquement, les hommes ont un tonus musculaire différent dans les jambes, qui les aide à courir plus vite et plus longtemps. Courir, ce n'est pas à qui courra le plus vite ou le plus longtemps, cependant. La seule personne avec laquelle tu devrais être en compétition, c'est toi-même. Si tu décides d'utiliser la course comme exercice, ne te préoccupe pas des autres et de ce qu'ils font – concentre-toi sur toi-même.

Si tu vas courir, il y a quelque chose que tu dois savoir pour pouvoir courir correctement. À chaque fois que je vois quelqu'un faire du jogging, je le regarde pour voir s'il sait ce qu'il est en train de faire. Ce que j'ai remarqué pendant que je regardais les joggeurs à travers le monde est que la plupart des gens ne savent pas courir correctement pour faire de l'exercice.

Lorsque les gens disent que courir est mauvais pour les jambes et les os, c'est à cause d'une façon incorrecte de courir et d'un équipement non adapté. Le meilleur équipement que tu puisses te procurer est une bonne paire de chaussures de course. Cela fait une énorme différence lorsque tu cours. Les chaussures qui sont faites pour amortir le choc de la course sont un plus, alors tu devrais te procurer les meilleures que tu puisses te payer.

Au service militaire, on chante en courant. Lorsque tu cours, tes poumons ne pensent pas qu'ils sont en train de mourir d'un manque d'oxygène. Ce qui arrive chez certaines personnes quand elles commencent à courir est qu'elles essaient de synchroniser leur respiration aux pas qu'elles font. Donc elles respirent plus lourdement que nécessaire et commencent à hyperventiler. Chanter est la meilleure façon de contrebalancer cela. Si tu chantes pendant que tu cours, cela régulera ta respiration. Avoir quelqu'un à qui parler pendant que tu cours t'aidera aussi à mieux respirer.

Dans les forces armées, on t'enseigne aussi comment courir pour que tu ne développes pas une « périostite tibiale. » Ils font de la « marche traînante » et ils courent en douceur plutôt que de faire un sprint tous azimuts comme aux jeux Olympiques.

Pour courir correctement, tu devrais courir sur la plante des pieds plutôt que de poser les talons en premier. Si tu cours en tapant les talons sur le sol avant tes orteils, cela causera une périostite tibiale. Au contraire, il faut courir avec l'avant du pied dans un mouvement balancé, en utilisant la plante des pieds pour avancer. Tu ne feras pas de grands pas, mais des avancées légères qui sont beaucoup plus rapides que la marche normale.

Une erreur commise par certaines personnes lorsqu'elles courent de longues distances est de bouger rapidement les bras de haut en bas. Ce n'est pas un bon moyen de courir plusieurs kilomètres confortablement. La meilleure façon est de laisser tes bras repliés sur le côté, avec très peu de mouvement. C'est de cette façon que tu ne brûles pas trop d'énergie à travers des mouvements de bras inutiles. Étrangement, avec la marche traînante, moins tu bouges, plus tu cours vite.

Aujourd'hui encore, je me rappelle ce que cela fait de courir sur la musique inspirante du compositeur Yanni. Dès que j'entends sa musique, je suis prête à courir, et cela fait 20 ans que j'écoute sa musique, depuis mon entraînement pour la sécurité nucléaire. Si tu écoutes de la musique pour te distraire, tu peux mieux courir.

Si tu cours un mile (1,6 km), tu stimules ton cœur et ta circulation. Cela aidera à garder ton corps fort. Mais quand on parle de perdre du poids en courant, on dit que le premier mile ne compte pas. Après le premier mile, le corps commence à brûler les réserves de graisse. Donc tu commenceras à perdre du poids après le premier mile, et si tu cours deux ou trois miles (trois à cinq kilomètres) chaque jour, tu perdras du poids très rapidement.

Il y a un secret pour courir : lorsque tu finis ce premier mile, le second mile est comme une brise, et c'est le même concept sur une machine elliptique. Quand tu fais 8 minutes sur une machine elliptique, ce n'est pas dur d'en faire 30. Donc, ne sois pas découragé par la pensée que tu doives faire 30 minutes d'exercices – fais-le juste par petites étapes. Commence par 8 minutes et puis décide si tu veux continuer.

COMMENCER

Il y aura toujours des personnes qui ne pourront pas faire de l'exercice ou s'activer pendant la nuit, et si c'est ton cas, je te suggère d'utiliser différents équipements pour t'aider à t'entraîner. Il y a des machines qui peuvent aider.

La majorité des personnes, cependant, sont assez mobiles pour s'entraîner modérément. Ceux qui ne sont pas mobiles ont besoin de travailler sur leur corps avec des soins et un travail sur les systèmes de croyances pour qu'ils puissent devenir mobiles. Si tu as de vrais problèmes physiques et, par exemple, si tu ne peux pas bouger un membre, cela requiert un travail sur le système de croyances spécifique. Tu auras aussi besoin de prendre rendez-vous avec un kinésithérapeute pour t'aider à bouger tes membres. Il y a des équipements pour les personnes qui ne peuvent pas bouger, qui stimulent le corps pour activer la circulation. Malheureusement, je connais beaucoup de gens qui ont acheté cet équipement et qui ne l'ont jamais utilisé !

Cependant, de nombreuses personnes peuvent marcher pour faire de l'exercice, même si elles sont aussi capables de courir. Marcher est un excellent début. Tu dois arrêter toute forme d'exercice si tu ressens des douleurs intenses. Il ne s'agit pas de la bonne vieille douleur que tu es censé ressentir. Il y a une différence entre une douleur musculaire et le type de douleur qui indique une déchirure musculaire ou une accumulation de toxines.

Pourquoi certaines personnes échouent

Trois jours après avoir commencé une nouvelle série d'exercices, certaines personnes vont perdre leur élan et tout arrêter. Sais-tu pourquoi ils arrêtent ? Ils se disent : « Après avoir mangé cette tarte à la cerise, je devrai faire de l'exercice, mais je le ferai demain, parce qu'aujourd'hui, je suis trop fatigué. »

Que cela signifie-t-il par rapport à l'inconscient ? Lorsque tu dis quelque chose comme ça, ton inconscient se dit :

> *« Je commencerai à m'entraîner demain, promis. »*
> *« Si demain n'arrive jamais, je n'aurai jamais besoin de m'entraîner. »*

Ce sont les mots et les formes de pensées qui amènent à l'échec ultime. S'ils sont les premiers constats qui sortent de ta bouche lorsque tu parles d'exercice, ton inconscient est en train de te saboter.

Comment sais-tu que tu es en train d'être saboté ? Parce que tu es mis à l'écart en commençant cette nouvelle chose dans ta vie. Et pourquoi ? La réponse est en général la peur.

Ce n'est pas la peur d'être gros. Mais *la peur de devenir mince !*

UNE MÉTHODE ALTERNATIVE

Il y a longtemps, j'ai lu un article sur une expérience avec deux équipes de basket. Une équipe s'entraînait tous les jours et l'autre équipe méditait tous les jours. Pendant qu'ils méditaient, ils s'imaginaient en train de s'entraîner pendant une heure tous les jours. Lorsque les deux équipes ont joué l'une contre

l'autre, ils ont remarqué être au même niveau et ont joué avec la même énergie. Donc, apparemment, imaginer que tu fais de l'exercice fonctionne aussi bien que de faire réellement de l'exercice. Curieuse de savoir si cela fonctionnerait pour moi, j'ai commencé à essayer.

Bien sûr, tu pourrais penser : « Pourquoi devrais-je imaginer que je fais de l'exercice pendant une demi-heure alors que je pourrais simplement me lever et m'entraîner ? Si j'ai le temps de me l'imaginer, j'ai le temps de le faire vraiment. »

La réponse est que beaucoup d'entre nous n'ont vraiment pas le temps de faire de l'exercice tous les jours. Nous avons besoin d'une méthode alternative pour nous aider à libérer du poids.

Alors, voilà ce que j'ai fait : j'ai téléchargé le sentiment et la connaissance du Créateur qu'à chaque fois que j'écoutais une chanson particulière, mon corps s'entraînait.

J'avais déjà utilisé cette méthode de téléchargement auparavant, pour ancrer l'énergie du temps dans le ralentissement avec la chanson *Time Stand Still* de Rush. Cela était utile lorsque je conduisais pour aller au travail. Si je mettais cette chanson, je semblais miraculeusement ralentir le temps, et je pouvais me rendre au travail plus tôt sans me presser.

La musique a une influence importante sur notre vie. Si quelque chose de spécial se produit lorsque nous écoutons de la musique, l'événement et la musique ne deviennent qu'un, transcendant et intemporel. C'est presque comme si un petit monde s'était créé, où l'on peut retourner si besoin. Lorsque l'on entend cette musique, tous les souvenirs reviennent très clairement, tout comme certaines odeurs.

La musique joue un rôle d'ancrage pour ces souvenirs. C'est un déclencheur pour nous aider à nous souvenir de la magie. D'ailleurs, une des chansons que j'écoutais lorsque j'ai ouvert mon entreprise était Xanadu, d'Olivia Newton-John, et la chanson parlait de croire en la magie.

J'ai écouté ma chanson d'exercice pendant que j'utilisais une machine elliptique pour que la musique et l'exercice soient ancrés ensemble dans mon corps et dans mon âme. J'utilisais une machine elliptique, car là où je vis, en hiver, une machine elliptique est beaucoup plus efficace que de combattre la glace et les congères. Puisque la plupart des chansons ne durent que quatre minutes, je mettais la chanson, puis je la remettais. Je la mettais huit fois pendant que je faisais de l'exercice pour arriver à 30 minutes de temps de musique.

Donc, il ne faut qu'une chanson, mais cette chanson doit signifier quelque chose pour toi. Cela doit être une chanson que tu n'entends pas tout le temps à la radio. Ce doit être quelque chose de spécial, quelque chose que tu aimes vraiment ; quelque chose qui t'inspire, qui a un bon rythme et qui te donne de l'énergie. Et il faut que ce soit une seule chanson. J'ai essayé avec plusieurs chansons et avec un CD entier, mais cela ne fonctionne pas de la même façon. Il faut que ce soit une chanson en boucle, qui te donne envie de bouger, qui te donne envie de te lever et de danser, et dans l'idéal une chanson qui a une sorte de signification spirituelle et d'inspiration pour toi et qui peut te mettre dans un état de rêve et te placer dans un bon endroit.

Tu dois déterminer la durée de la chanson, et le nombre de fois que tu dois la mettre pour atteindre 30 minutes.

Ensuite, tu dois faire de l'exercice entre six et dix fois en écoutant la chanson, pour que la chanson et l'entraînement soient ancrés dans ton cerveau. Cela peut sembler difficile, particulièrement si tu n'as pas fait d'exercice pendant des années, mais pense à cela : si tu ne dois t'entraîner que huit ou dix fois avant de pouvoir juste mettre la musique et que ton corps pense que tu fais de l'exercice, ce n'est pas si mal, n'est-ce pas ?

S'entraîner dix fois en écoutant la musique, c'est mieux, mais six fois c'est déjà bien. Cela signifie que tu devras t'entraîner trois à quatre fois la première semaine et trois à quatre fois la semaine suivante en écoutant la chanson.

Au début, tu dois faire des exercices d'aérobic. Cela peut être soit courir, soit marcher, ou une autre forme d'exercice d'aérobic, mais cela doit être des exercices d'aérobic, car il est prouvé que c'est la meilleure forme d'exercice pour aider à libérer du poids. En fait, si tu fais des exercices d'aérobic quatre fois par semaine pendant seulement 30 minutes par jour, tu atteindras ton poids idéal plus tôt que tu ne le penses.

Je sais que quand certaines personnes commencent, elles n'arrivent pas à faire 30 minutes d'exercice sur une machine elliptique, ou à courir pendant 30 minutes, donc il est préférable de commercer lentement. Après être allé aussi loin que tu le pouvais le premier jour, va un peu plus loin le jour suivant.

Tu ne feras peut-être que 10 minutes d'exercice le premier jour, 20 le deuxième jour et 30 le troisième jour. Mais tu ne dois faire que 30 minutes d'exercice six à huit fois pour l'ancrer à la musique.

Je sais que certaines personnes seront rétives à cette idée. La première chose que certains pourraient penser est : « Oh, je ne veux pas m'entraîner dix fois, ou même six fois. » C'est un moyen pour leur inconscient de les garder en sécurité. Un travail sur le système de croyances avant de commencer l'exercice pourrait éliminer cette résistance.

Un planning d'exercice qui corresponde à ton style de vie est aussi extrêmement important. Même dix minutes par jour peuvent faire la différence. Une suggestion peut être d'utiliser la musculation comme un complément aux exercices d'aérobic pendant que tu écoutes ta chanson spéciale. La musculation a les bénéfices suivants : cela forme les muscles et diminue le niveau de glucose, même lorsque tu te reposes. Cela aide le corps à utiliser l'insuline correctement et prévient les blessures en formant des muscles et des os forts. Alterner le haut et le bas du corps est une bonne méthode. Pour commencer, utiliser des poids très légers. Commencer avec cinq à huit mouvements, en travaillant graduellement jusqu'à 15 à 20 mouvements.

Une fois que tu auras ancré l'exercice à la musique, tu devras faire de l'exercice périodiquement pour les garder ancrés – peut-être une fois par semaine ou une fois toutes les deux semaines. Mais lorsque tu entendras à nouveau ta chanson spéciale, tu t'entraîneras bientôt parce que tu en auras de nouveau envie – et tu ne devras peut-être pas le faire pendant aussi longtemps que tu ne le penses.

Il a longtemps, une étude a été publiée sur l'exercice. Les chercheurs ont découvert qu'en seulement 8 minutes d'exercice, tu effectues la routine que ton cœur ferait en 30 minutes d'exercice. Je pense que cela est vrai. J'ai remarqué

qu'en huit minutes, ton corps traverse les mêmes réactions physiques qu'en 30 minutes d'exercice. En fait, tu pourrais faire de l'exercice pendant seulement 8 minutes par jour et avoir presque le même effet que si tu en faisais pendant 30 minutes. Donc finalement, tu ne devras écouter la musique que pendant huit minutes pour stimuler ta pensée et donc stimuler ton corps à penser que c'est de l'exercice, et à avoir envie de faire à nouveau de l'exercice. Tu auras besoin de vraiment faire de l'exercice pendant au moins huit minutes par jour chaque semaine pour réancrer cette forme de pensée dans ton corps, et il se trouve est que cela te donnera envie de refaire de l'exercice !

S'ENTRAÎNER SANS ENTRAÎNEMENT

Quand j'ai commencé à utiliser cette technique sur moi-même, j'ai perdu 2 ou 3 livres (à peu près 1 kilo) chaque jour. Comme je perdais du poids très rapidement, j'ai fait toute une série d'analyses sanguines pour être sûre que ma thyroïde allait bien. Les résultats étaient bons, tout comme mon taux cholestérol. Mon médecin m'encourageait et voulait savoir ce que je faisais. Lorsque je lui ai dit que je faisais de l'exercice, il a dit : « Continuez ce programme d'exercice que vous êtes en train de faire. »

Donc le voici, au complet…

Mon exercice secret

Guide un client ou toi-même à travers le processus de la
façon suivante :

- Centre-toi dans ton cœur et visualise-toi descendre
  vers la Terre Mère, qui est une partie de tout ce qui
  est.

- Visualise l'énergie remontée par tes pieds, ouvrant
  chaque chakra jusqu'au chakra de la couronne.
  Dans une magnifique boule de lumière, va à travers
  l'univers.

- Va au-delà de l'univers, passe les couches de
  lumière, passe la lumière dorée, passe la substance
  gélatineuse qui est les lois, jusque dans la lumière
  blanche étincelante, dans le septième plan de
  l'existence.

- Donne la commande : « *Créateur de tout ce qui
  est, il est commandé de télécharger moi-même et
  cette musique avec le sentiment et la connaissance
  qu'à chaque fois que je l'écoute, mon corps fait de
  l'exercice. Merci. C'est accompli. C'est accompli.
  C'est accompli.* »

- Imagine l'énergie descendre dans ton espace à
  travers toutes les cellules de ton corps.

- Lorsque tu as fini, connecte-toi à nouveau à tout ce qui est, prends une grande inspiration et fais une coupure énergétique si tu le souhaites.

- Trouve une musique que tu aimes et fais de l'exercice avec elle six à dix fois. Tu peux faire l'exercice que tu souhaites, tant que c'est de l'aérobic. Cela ancrera la musique de chaque cellule de ton corps.

- Puis télécharge le sentiment et la connaissance que chaque fois que tu entendras cette musique, ton corps pensera que tu fais de l'exercice.

- Puis passe à l'étape suivante et télécharge le fait que ton corps faisait de l'exercice à chaque fois qu'il entendait cette musique dans le passé.

- Écoute cette chanson au moins trois fois par semaine ; si tu peux, entraîne-toi dessus autant que possible en utilisant l'aérobic ou la danse.

Après un moment, rien que d'entendre la musique te donnera envie de faire de l'exercice. Et à chaque fois que tu l'écouteras, ton corps pensera qu'il sera en train de faire de l'exercice et tu perdras du poids même si tu ne fais pas d'exercice physique.

Si tu te lances dans un entraînement abdominal à la fin de la séance, lorsque tu écouteras la musique, ton corps pensera que tu es en train de faire un entraînement abdominal alors que tu ne fais en réalité aucun exercice. Cela peut être particulièrement bénéfique.

J'ai essayé ce processus avec les poids, mais j'ai remarqué que les poids ne donnent pas la même notion de répétition, ni par conséquent le même effet. Également, une série d'entraînements avec différentes sortes d'exercices – par exemple, trois minutes de running et quelques minutes d'un autre exercice – n'a pas le même effet pour moi. J'ai travaillé environ six mois sur cela, et j'ai remarqué que les vrais résultats se constatent avec des exercices d'aérobic. Les exercices d'aérobic te font perdre du poids rapidement et sont faciles à ancrer, mais je ne dis pas que porter des poids et faire d'autres types d'exercices ne fonctionnera pas. Essaie plusieurs sortes d'exercices et regarde ce qui fonctionne pour toi.

Tu peux même faire tes exercices en regardant la télévision avec le volume coupé, tant que tu écoutes ta chanson pendant que tu les fais. Autrement, tu serais juste en train d'entraîner ton corps à regarder la télévision en faisant de l'exercice, mais tu ne pourrais ne pas rester cohérent dans ton programme.

Tu peux choisir une chanson différente pour les différents types d'exercices d'aérobic que tu fais. Par exemple, tu peux utiliser une machine de course un jour et une danse aérobic un autre jour et utiliser deux chansons différentes.

Si ta chanson commence à t'ennuyer et que tu veux la chanter, tu peux recommencer le processus. Tu devrais avoir besoin de faire cela lorsque tu as perdu une couche de graisse.

À chaque fois que j'entends ma chanson d'exercice :

1. Je veux faire de l'exercice et…

2. je pense que je suis en train de faire de l'exercice.

Il fut un temps où je n'avais pas 30 minutes pour faire de l'exercice tous les jours, mais cela me prenait 30 minutes pour aller au travail, alors je mettais ma chanson sur le chemin pour que mon corps pense qu'il faisait de l'exercice. La musique est susceptible de stimuler l'hypothalamus et les hormones du corps et d'atteindre toutes les parties primitives du cerveau.

J'ai choisi une chanson très simple pour que je sois sûre que mon corps aille à travers tous les mouvements de l'exercice. Mais je sais qu'il y a des parties de la chanson où je vais à travers toute une série d'événements dans mon esprit. Je me souviens d'un film, je m'imagine marcher en montagne, je me vois sur ma machine d'exercice – et toutes ces choses viennent dans mon esprit lorsque je conduis !

LE PLATEAU DE CROYANCES ET DE PEURS

J'ai eu beaucoup de succès, au début, avec ma musique d'exercice, mais deux mois plus tard, je n'avais plus envie de la mettre. L'écouter faisait remonter mes croyances, négatives et positives, sur le fait de libérer du poids.

Les souvenirs d'une ancienne relation me revenaient – avec un petit ami jaloux et violent. À un moment, j'ai été hospitalisée pour une infection de la vessie, et l'infirmier a commencé à me parler de façon amicale. Je savais qu'il était gay et qu'il était juste amical, mais mon copain a pensé qu'il flirtait avec moi. Quand nous sommes rentrés à la maison, il m'a jetée à travers le salon dans un élan de jalousie. À cette époque, j'étais mince, donc j'ai découvert que j'avais la croyance que je pourrais avoir des problèmes en étant mince. J'ai dû effacer cette croyance et les sentiments associés pour pouvoir continuer à écouter de

la musique et à libérer du poids. C'est un exemple qui montre pourquoi il est si important de continuer le travail sur le système de croyances pendant que tu perds du poids.

Un autre exemple est venu lorsque Guy et moi avons fait un voyage de 40 jours en Europe en 2011. À un moment, Guy m'a laissée seule pendant une minute dans un aéroport. Un homme est arrivé, il s'est assis à côté de moi, et a commencé à me draguer. Quand Guy est revenu, il l'a foudroyé du regard ; il s'est levé, évidemment déçu, et il est parti. Cela n'a pas trop perturbé Guy, mais cela m'a fait très peur. Avec Guy à mes côtés, je n'ai vraiment pas à m'inquiéter pour ce genre de choses. Mais sans Guy et avec un homme qui me draguait, assis à côté de moi, je me suis sentie terrifiée d'avoir des problèmes avec mon mari. Après réflexion, j'ai réalisé que ces sentiments n'avaient rien à voir avec ma relation présente, et tout à voir avec une relation qui était vieille de 20 ans.

Dès que tu commences à résister à la musique, comme je l'ai fait, tu dois comprendre qu'une autre couche de croyances doit être effacée. Lorsque tu l'auras fait, tu pourras continuer et tu ne seras pas bloqué à un poids particulier. Tu seras également fasciné par la façon dont tu gagneras une plus profonde compréhension de toi-même, puisque tu travailles sur chaque couche de croyance.

Puisque j'enseigne en ce moment, je n'ai pas beaucoup de temps pour faire de l'exercice, mais j'écoute toujours ma musique d'exercice tous les jours pour rester stimulée. Quand je conduis jusqu'à la maison en écoutant la musique, je pense à mille choses, mais comme j'écoute la musique, je suis toujours ramenée à penser à la machine elliptique et à l'entraînement.

Si je suis à la maison quand je mets la musique, je descends et je vais faire de l'exercice. Honnêtement. Je n'ai pas besoin de me battre avec moi-même… Pas trop !

Un jour, ma petite-fille Jena et moi étions dans la voiture en route pour le magasin et je lui ai dit : « Je dois faire de l'exercice, Jena – excuse-moi. »

Elle m'a demandé : « Qu'est-ce que tu fais, grand-maman ? »

Je lui ai expliqué : « Je dois écouter cette chanson huit fois pour que mes exercices soient faits. »

Après avoir écouté six fois la chanson, Jena s'est retournée vers moi et m'a dit : « Mon dieu, ça marche. Tu transpires comme une folle ! »

8

LIBÉRER LES COUCHES

Dès que tu auras suivi ce programme pendant environ deux mois et que tu seras sur le chemin de ton poids parfait, tu découvriras peut-être que tu n'auras plus envie de continuer. Et ce, parce que tu as touché la prochaine couche de croyances.

Voilà ce qui se passe : les toxines, sous forme d'émotions et de polluants physiques, sont relâchées. Certaines des émotions qui remontent seront identiques à celles qui ont déjà été relâchées et remplacées dans des sessions de travail sur le système de croyances dans le passé. Cela se passe ainsi, car comme les cellules graisseuses dans ton corps se sont formées à un certain moment dans ta vie, elles retiennent en elles les programmes et les sentiments de ce temps-là, dans une sorte d'état enfermé, indéterminé – d'animation suspendue. Donc, lorsque ces sentiments sont libérés à travers l'exercice, tu découvriras que tu seras en train de gérer les mêmes genres de programmes qu'auparavant. Tu te demanderas pourquoi un programme est « revenu ». Mais il n'est pas « revenu » du tout ; il a tout simplement été libéré par une cellule graisseuse où il était stocké par ton corps pour te protéger.

Donc, lorsque nous faisons de l'exercice et libérons les couches de graisse, à chaque couche, nous devrons gérer les sentiments, les souvenirs, les toxines et les programmes qui étaient retenus dans cette couche. Et ainsi de suite, jusqu'à ce que chaque nouvelle couche soit pelée, comme un oignon.

UNE COUCHE À LA FOIS...

La plupart des programmes que tu rencontreras dans les couches que tu libéreras seront, d'une façon ou d'une autre, des peurs :

- Peur de la jalousie des autres ;

- peur de devenir plus petit ;

- peur de te perdre ;

- peur de perdre quelqu'un parce que tu es différente de ce que tu étais ;

- peur du changement.

La façon de traiter ces peurs, et tous les autres programmes ou sentiments dans les couches que tu as atteintes, est d'arrêter pendant une semaine ou deux les exercices et de travailler sur toi avec le système de croyances, puis de recommencer le programme d'exercice. Tu peux continuer avec ton ancienne chanson ou ancrer une nouvelle chanson qui te plaît pour la prochaine couche de poids.

La chanson que j'ai écoutée pour libérer ma première couche de poids me rappelait comment l'illumination, la justice et le bien triomphent toujours sur l'obscurité et le diable, parce que c'était l'expérience que j'étais en train de vivre, et ce qui avait été enfermé dans les cellules graisseuses de cette couche.

Quand j'ai découvert que j'étais dans une couche complètement nouvelle, j'ai travaillé sur moi avec le système de croyances, et après un certain temps, j'ai remarqué que mes besoins avaient changé, parce que j'avais remplacé et relâché beaucoup de croyances négatives. Je n'avais plus besoin de l'énergie de l'ancienne chanson sur la dualité – j'avais besoin de la vigueur de quelque chose de nouveau. J'avais écouté l'ancienne chanson pendant huit mois, et il était temps de changer de vitesse. La nouvelle chanson que j'avais ancrée parlait de la vie qui est belle, et du fait que je « l'avais fait ». Cependant, j'ai remarqué que je devais repasser à travers tout le processus que j'ai expliqué à l'étape 5 pour ancrer la nouvelle chanson.

Il est important de savoir que nous ne rencontrons pas une nouvelle couche de croyance juste à cause de la perte de poids. Les couches apparaissent à différents moments de notre vie, généralement quand on est stressé à cause de certains changements. Cela ouvre de nouvelles couches dans l'inconscient, et cela peut être des croyances identiques à celles que tu penses déjà avoir relâchées et remplacées.

LA PEUR DE TE PERDRE

Si tu as été gros pendant longtemps, libérer du poids peut te donner l'impression que tu te perds.

Ce qui va t'aider est d'être conscient de ton corps. Voici un moyen de faire cela :

- Frotte ton corps, là où se trouve la graisse, quelque part au niveau du ventre.

- Lorsque tu frottes la zone de l'estomac, repense au passé. Si tu as déjà été mince, repense à ces souvenirs.

- Rappelle-toi comment c'était simple d'être mince. Pour la plupart des gens, cela ramène également l'énergie de la jeunesse.

- Puis, en continuant à frotter ton estomac pour l'ancrer, télécharge-toi ces sentiments du Créateur. Cela aide à récupérer le soleil en or de la jeunesse et la sensation du poids parfait.

Si les souvenirs associés à la force de la jeunesse t'effraient, il faut nettoyer ces énergies négatives pour que tu puisses créer quelque chose de nouveau.

Être conscient de ta taille et de ton corps est important. J'ai remarqué que les personnes qui sont extrêmement obèses se regardent rarement dans le miroir. C'est seulement quand elles passent devant la vitrine d'un magasin qu'elles sont choquées par leur taille. Même à ce moment-là, il y a des fois où elles ignorent ce qu'elles viennent de voir et elles se disent qu'elles sont heureuses comme elles sont.

C'est une dissociation de la réalité et du corps. C'est pourquoi tu dois toucher ton corps et te voir mince – cela va te reconnecter à ton corps, et t'aider à avancer vers la prochaine couche de perte de poids.

LA PEUR DU SUCCÈS

Curieusement peut-être, les problèmes qui nous bloquent le plus souvent sur notre chemin vers notre poids idéal sont des problèmes de succès. Si tu échoues à avancer vers ton poids parfait, alors tu te dis : « D'accord, ça ne fonctionne pas. Ce n'est pas grave. » Si tu réussis, cela amène du changement. Ce qui peut être effrayant.

Une des raisons à cela est que tu te verras différemment, et le monde te verra différemment aussi. Comment le monde te percevra-t-il si tu es mince et fort ? Avec amour ou avec jalousie ? Qu'en sera-t-il ? Ou quelque chose d'autre ? C'est une peur de l'inconnu à laquelle tu dois faire face quand tu perds du poids.

Le ThetaHealing enseigne que tout est le produit d'un système de croyances – nous créons littéralement notre propre réalité basée sur nos pensées et notre divinité –, car nous sommes une partie du Créateur. Nous créons notre propre réalité divine, et il ne tient qu'à nous que cette réalité soit bonne, mauvaise, ou indifférente.

Donc, nous pensons que le fait de ne pas être à notre poids idéal a plus à voir avec nos croyances que nous pouvons l'imaginer. Être en sur- ou en sous-poids peut être une projection de notre image, et cela est basé sur ce que nous ressentons de nous-mêmes. Encore une fois, cela peut être bon, mauvais ou neutre.

Si tu es en surpoids, il y a des raisons à cela ; par exemple que ton inconscient essaie de te protéger de ce qu'il perçoit comme une menace. L'inconscient ne sait que ce qu'on lui enseigne, et s'il est enseigné, par exemple, qu'une relation est mauvaise, alors cela te fait rester gros pour que tu aies un prétexte pour ne pas te remettre en couple.

Il y a de nombreuses raisons différentes pour lesquelles les gens sont gros, nous l'avons vu. Chacune est une projection de notre propre image. Donc, lorsque l'on explore notre corps et la façon dont nous nous sentons, nous voyons qu'être en

surpoids n'est pas nécessairement une mauvaise image. Parfois, cela sert son objectif de la plus haute et divine façon.

En fin de compte, il ne tient qu'à nous de changer nos pensées. En ThetaHealing, nous voulons enseigner aux gens de réfléchir à des pensées divines, à une essence divine, et d'être au mieux de leur forme. Ce programme de poids est destiné aux personnes qui sont intuitives, qui réalisent qu'il n'y a pas de séparation entre l'esprit, le corps et l'âme, et qui souhaitent avoir la chance de comprendre pourquoi nous faisons ce que nous faisons, et comment nous pouvons changer notre projection de nous-mêmes.

9

SUGGESTIONS DE RÉGIMES

Certaines personnes pensent qu'elles ne perdront pas de poids, sauf si elles font un régime. Et ce, parce qu'elles ont déjà effectué des régimes dans le passé, en vain, mais qu'elles ont besoin de la structure qu'un régime peut leur apporter.

LE RÉGIME DIABÉTIQUE

Si tu dois commencer un régime, ou si tu le veux, je recommande le régime diabétique, puisqu'il t'apprend à manger en petites quantités au fil de la journée, et de compter les glucides. Mais il faut comprendre une chose : l'exercice est toujours la clé, et pour faire de l'exercice, tu dois surpasser la peur que cela puisse te blesser.

Avec le régime diabétique, tu n'ingères que 30 grammes de glucides par repas et 15 à 20 grammes de glucides par snack, mais tu dois manger trois fois par jour et deux snacks par jour.

Les tableaux suivants sur le régime diabétique montrent comment compter les glucides dans différents types d'aliments :

Teneur en glucides : amidon		
Type de nourriture	Portions	Glucides par portion
Bagel	1 oz (28 g)	15
Pain à teneur réduite en calories	2 tranches (1 oz / 45 g)	15
Pain blanc / complet / de blé / de seigle	1 tranche (1 oz / 28 g)	15
Gressins croustillants (4 x in/1 cm)	4 (²/ oz / 18 g)	15
Muffin anglais		15
Hotdog / Pain à hamburger	(1 oz / 28 g)	15
Pain naan (8 x 2 in / 5cm)		15
Pancake (4 in / 10 cm de diamètre)	1	15
Pain pita (6 in / 15 cm de diamètre)	1	15
Petit pain sec	1 (1 oz / 28 g)	15
Petit pain aux raisins sans glaçage	1 tranche (1 oz / 28 g)	15
Tortilla au maïs (6 in / 15cm de diamètre)	1	15
Tortilla à la farine (6 in / 15cm de diamètre)	1	15
Tortilla à la farine (10 in / 25cm de diamètre)	/	15
Gaufre à teneur réduite en calories (4 in / 10cm de diamètre)	1	15
Céréales de son	tasse (75g)	15
Boulgour	tasse (75g)	15
Céréales sèches	tasse (75g)	15
Céréales non sucrées	tasse (113g)	15
Farine de maïs sèche	3 cuillerées à soupe	15
Couscous	/ tasse (50g)	15

Type de nourriture	Portions	Glucides par portion
Farine séchée	3 cuillerées à soupe	15
Granola à teneur réduite en calories	tasse (38g)	15
Pépins de raisins	tasse (38g)	15
Porridge	tasse (75g)	15
Kasha	tasse (75)	15
Millet	/ tasse (50g)	15
Müesli	tasse (38g)	15
Avoine	tasse (75g)	15
Pâtes	/ tasse (50g)	15
Céréales soufflées	1 tasse (225g)	15
Riz blanc / brun	/ tasse (50g)	15
Blé déchiqueté	tasse (75g)	15
Céréales sucrées	tasse (75g)	15
Germes de blé	3 cuillerées à soupe	15
Haricots cuits au four	/ tasse (50)	15
Maïs (maïs doux)	tasse (100g)	15
Grand épi de maïs	épi (150g)	15
Mélange de légumes	1 tasse (200g)	15
Petits pois	tasse (100g)	15
Plantain	tasse (100g)	15
Pommes de terre bouillies	une moitié (75g)	15
Pommes de terre cuites avec peau	une grosse (75g)	15
Purée de pommes de terre	tasse (100g)	15
Courges d'hiver (courge poivrée, courge butternut, citrouille)	1 tasse (200g)	15
Igname, patate douce, pommes de terre	tasse (100g)	15
Biscuits animaux	8	15
Crackers / biscuits digestifs (2 mit 6 cm de diamètre)	3	15

Kohlenhydratzähler: stärkehaltige Nahrungsmittel (Fortsetzung)		
Type de nourriture	**Portions**	**Glucides par portion**
Pain azyme	oz (20 g)	15
Biscottes	4 tranches	15
Biscuits salés	20	15
Popcorn (cuits, sans matières grasses additionnées, pauvres en matière grasse, au micro-ondes)	3 tasse (575 g)	15
Bretzels	oz (20 g)	15
Gâteau de riz (4 in/10 cm de diamètre)	2	15
Crackers salés	6	15
Chips de pommes de terre (sans gras, cuites)	15–20 (oz/20 g)	15
Crackers complets (sans ajout de graisse)	2–5 (oz/20 g)	15
Haricots et petits pois (Pois chiches, haricots Pinto, haricots rouges, haricots blancs, pois cassés, pois aux yeux noirs)	tasse (100 g)	15
Haricots de lima	/ tasse (125 g)	15
Lentilles	tasse (75 g)	15
Miso	3 cuillerées à soupe	15
Biscuits (2 /6 cm de diamètre)	1	15
Pain de maïs (2 in/5 cm dés)	1 (2 oz/60 g)	15
Nouilles chow mein	tasse (100 g)	15
Sablés ronds	6	15
Croûtons	1 tasse (200 g)	15
Pommes frites (cuites au four)	1 tasse (50 g)	15

Type de nourriture	Portions	Glucides par portion
Houmous	/ tasse (65 g)	15
Muffins (5 oz / 150 g)	/₅ (1 oz / 20 g)	15
Crackers sandwiches (fromage, beurre de cacahuète)	3	15
Snack-Chips (pommes de terre [Chips], Tortilla)	9–13 (oz / 20 g)	15
Farce préparée au pain	/ tasse (65 g)	15
5 in / 12 cm Shell taco	2	15
Biscuits complets	4–7 (1 oz / 28 g)	15

Teneur en glucides : fruits		
Type de nourriture	**Portions**	**Glucides par portion**
Petites pommes non pelées	1 (4 oz / 120 g)	15
Compote de pommes non sucrée	tasse (100 g)	15
Pommes séchées	4 anneaux	15
Abricots frais	4 entiers (5 oz / 165 g)	15
Abricots séchés	8 demis	15
Abricots en conserve	tasse (100 g)	15
Petites bananes	1 (4 oz / 120 g)	15
Mûres	tasse (150 g)	15
Bleuets (myrtilles)	tasse (150 g)	15
Petit melon cantaloup	/ (11 oz / 325 g)	15
Cerises fraîches sucrées	12 (3 oz / 75 g)	15
Cerises sucrées en conserve	tasse (100 g)	15
Dattes	3	15
Figues fraîches	1 grande (3 oz / 100 g)	15
Figues sèches	1	15
Salade de fruits en conserve	tasse (100 g)	15
Gros pomelo frais	(11 oz / 325 g)	15

Teneur en glucides : fruits (suite)		
Type de nourriture	**Portions**	**Glucides par portion**
Morceaux de pomelo en conserve	tasse (150g)	15
Petit raisin	7 (3 oz / 75g)	15
Melon au miel	1 tranche (10 oz/300g)	15
Kiwi	1 (3 oz / 100g)	15
Mandarines en conserve	tasse (150g)	15
Petite mangue	(5 oz / 165g)	15
Petite nectarine	1 (5 oz / 150g)	15
Petite orange	1 (6 oz / 190g)	15
Papaye	(8 oz / 250g)	15
Demi-pêche fraîche	1 (6 oz / 175g)	15
Pêche en conserve	1 (6 oz / 175g)	15
Grande poire fraîche	(4 oz / 125g)	15
Poires en conserve	tasse (100g)	15
Ananas frais	tasse (150g)	15
Ananas en conserve	tasse (100g)	15
Petites prunes fraîches	2 (5 oz / 150g)	15
Prunes en conserve	tasse (100g)	15
Prunes séchées (prunes)	3	15
Raisins secs	2 cuillerées à soupe	15
Framboises	1 tasse (200g)	15
Fraises (entières)	1 tasse (250g)	15
Petites mandarines	2 (8 oz / 250g)	15
Melon	1 tranche (13 oz / 415g)	15
Jus de pommes non sucré	4 onces liquides (120ml)	15
Canneberge	3 fl oz (80ml)	15
Canneberge à teneur réduite en calories	8 fl oz (240ml)	15

Type de nourriture	Portions	Glucides par portion
100% mélange de jus de fruits	3 fl oz (80 ml)	15
Jus de raisins	3 fl oz (80 ml)	15
Jus de pomelos	4 fl oz (120 ml)	15
Jus d'orange	4 fl oz (120 ml)	15
Jus d'ananas	4 fl oz (120 ml)	15
Jus de prunes	3 fl oz (80 ml)	15

Compte des glucides : produits laitiers

Type de nourriture	Portions	Glucides par portion
Lait sans gras	8 onces liquides (240 ml)	12
lait à 0,5% m. g.	8 onces liquides (240 ml)	12
lait à 1% m. g.	8 onces liquides (240 ml)	12
lait à 2% m. g.	8 onces liquides (240 ml)	12
Lait caillé sucré	8 onces liquides (240 ml)	12
Lait entier	8 onces liquides (240 ml)	12
Lait évaporé	4 onces liquides (120 ml)	12
Lait de chèvre	8 onces liquides (240 ml)	12
Babeurre (pauvre en graisse/ sans graisse)	8 onces liquides (240 ml)	12
Lait évaporé sans graisse	4 onces liquides (120 ml)	12
Lait en poudre écrémé	/ tasse (47 g)	12
Lait de soja (pauvre en graisse/sans graisse)	8 onces liquides (240 ml)	12
Yaourt (sans graisse, aromatisé, sucré au fructose)	6 oz (175 g)	12
Yaourt nature sans graisse	6 oz (175 g)	12
Kéfir	8 fl oz (240 ml)	12
Yaourt nature (lait entier)	8 oz (250 g)	12

Teneur en glucides : plats

Type de nourriture	Portions	Glucides par portion
Casserole de nouilles au thon	1 tasse (250g)	30
Lasagne	1 tasse (250g)	30
Spaghetti aux boulettes	1 tasse (250g)	30
Chili avec haricots	1 tasse (250g)	30
Macaronis aux fromages	1 tasse (250g)	30
Wok de légumes (sans nouilles ou riz)	2 tasses (500g)	15
Salade de thon / poulet	tasse (100g)	8
Plats préparés congelés	ça. 14–17 oz (425–525 g)	45
Hamburger de soja sans viande	3 oz (75g)	8
Légumes / burger à base d'amidon	3 oz (75g)	15
Pizza aux fromages avec croûte fine	4 –5 oz (140–150g)	30
Pizza avec garniture de viande et croûte fine	5 oz (150g)	30
Tarte farcie	1 (7 oz / 200g)	38
Repas principal / avec moins de 340 calories	8–11 oz (250–325g)	30–45
Soupe aux haricots	8 fl oz (240ml)	15
Soupe à la crème	8 fl oz (240ml)	15
Soupe instantanée	6 fl oz (175ml)	38
Soupe à la tomate	8 fl oz (240ml)	15
Soupe de petits pois	4 fl oz (120ml)	15
Légumes, bœuf, volaille, bouillon avec nouilles	8 fl oz (240ml)	15

Teneur en glucides : snacks		
Type de nourriture	**Portions**	**Glucides par portion**
Biscuits sans glaçage	2 oz (60g)	30
Petit brownie sans glaçage	1 oz (28g)	15
Gâteau sans glaçage	1 oz (28g)	15
Gâteau avec glaçage	1 oz (28g)	30
Biscuits avec crème	2 petits (/ oz/18 g)	15
Sauce aux canneberges	tasse (50g)	23
Cupcake glacé	1 petit (ca.2 oz/60g)	30
Biscuits sucrés	3 petits/1 grand (–1 oz/21–28g)	15
Donut nature	1 moyen (1 oz/40g)	23
Donuts glacés	1 x 3 in/8.5cm de diamètre (2 oz/60g)	30
Barre petit déjeuner/ énergie/sport	1 barre (2 oz/60g)	30
Pâte de fruits	tasse (100g)	45
100% pâte de jus de fruits, gelée	1 barre (3 oz/90g)	15
Snacks aux fruits	1 rouleau (3/4 oz/21g)	15
100% tartine de fruits	1 cuillerées à soupe	15
Gélatine normale	tasse (50g)	15
Gaufre au gingembre	3	15
Müesli normal/pauvre en graisse/barre snack	1 barre (1 oz/28g)	23
Miel	1 cuillerée à soupe	15
Glace normale	tasse (100g)	15
Glace légère	tasse (100g)	15
Glace pauvre en graisse	tasse (100g)	23
Glace pauvre en graisse sans sucre	tasse (100g)	15

Teneur en glucides : Snacks (suite)

Type de nourriture	Portions	Glucides par portion
Confiture / marmelade	1 cuillerée à soupe	15
Chocolat au lait	1 tasse (240 ml)	30
Gâteau aux fruits (2 croûtes)	/₆ gâteau de 8 in / 20 cm	45
Gâteau à la crème / à la citrouille	/₈ gâteau de 8 in / 20 cm	30
Pudding (au lait écrémé)	tasse (100 g)	30
Pudding sans sucre et sans graisse	tasse (100 g)	15
Shake à teneur réduite en calories	4 onces liquide (120 ml)	23
Riz au lait pauvre en graisse / sans graisse	8 fl oz (240 ml)	15
Riz au lait aromatisé pauvre en graisse	8 fl oz (240 ml)	23
Sauce à salade sans graisse	2 fl oz (60 ml)	15
Glace aux fruits / sorbet	tasse (100 g)	30
Sauce pour pâtes en conserve	tasse (100 g)	15
Boissons sportives	8 fl oz (240 ml)	15
Sucre	1 cuillerée à soupe	15
Viennoiserie / pâtisserie	1 (2 oz / 65 g)	38
Sirop léger	2 cuillerées à soupe	15
Sirop normal	1 cuillerée à soupe	15
Sirop normal	4 cuillerées à soupe	60
Gaufre à la vanille	5	15
Glace au yaourt	tasse (100 g)	15
Glace au yaourt sans graisse	/ tasse (65 g)	15
Yaourt sans graisse aux fruits	1 tasse (200 g)	45

Teneur en glucides : fast-food

Type de nourriture	Portions	Glucides par portion
Burrito	1 (5–7 oz / 150–200g)	45
Nuggets de poulet	6	15
Aile ou poitrine de poulet (en sandwich ou frite)	Une de chaque	15
Sandwich au poulet grillé	1	30
Aile de poulet chaude	6 (5 oz / 150g)	0
Sandwich au poisson avec sauce tartare	1	45
Frites	1 portion moyenne (5 oz / 150g)	60
Hamburger normal	1	30
Grand hamburger	1	30
Hotdog avec pain	1	15
Pizza pain	1	75
Pizza aux fromages avec croûte fine	6 oz (175g)	38
Pizza à la viande avec croûte fine	6 oz (175g)	38
Gaufre avec glace	1 petite (5 oz / 150g)	38
Sandwich sous-marin avec pain baguette	6 oz (175g)	53
Sandwich sous-marin avec pain baguette avec moins de 6 grammes de graisses	6 oz (175g)	45
Tacos dur / mou	1 (3–3 oz / 85–100g)	15

Teneur en glucides : aliments « libres »
Tu peux manger trois portions (identiques ou différentes) de la liste suivante au même repas.

Type de nourriture	Portions	Glucides par portion
Fromage frais (sans graisse)	1 cuillerée à soupe	5
Crème pour café, lait (liquide)	1 cuillerée à soupe	5
Crème pour café, lait (poudre)	2 cuillerées à soupe	5
Mayonnaise, sans graisse	1 cuillerée à soupe	5
Mayonnaise, à teneur réduite en calories	1 cuillerée à soupe	5
Margarine, sans graisse	4 cuillerées à soupe	5
Margarine, à teneur réduite en calories	1 cuillerée à soupe	5
Miracle Whip, sans graisse	1 cuillerée à soupe	5
Miracle Whip	1 cuillerée à soupe	5
Sauce à salade, sans ou pauvre en graisse	1 cuillerée à soupe	5
Sauce à salade, sans graisse, italienne	2 cuillerées à soupe	5
Sauce à la crème, sans ou pauvre en graisse	1 cuillerée à soupe	5
Crème fouettée normale	1 cuillerée à soupe	5
Crème fouettée légère ou sans graisse	2 cuillerées à soupe	5

Teneur en glucides : aliments sans sucre

Type de nourriture	Portions	Glucides par portion
Bonbons durs	1	5
Dessert gélifié, gélatine, gomme sans saveur, confiture ou marmelade légère	2 cuillerées à café	5
Sirop	2 cuillerées à soupe	5

Teneur en glucides : boissons

Type de nourriture	Portions	Glucides par portion
Cacao en poudre, non sucré	1 cuillerée à soupe	5
Café noir	Toute quantité	0
Boissons fraîches diététiques	Toute quantité	0
Boissons sans sucre	Toute quantité	0
Thé noir ou aux herbes	Toute quantité	0
Tonic, sans sucre	Toute quantité	0

Teneur en glucides : condiments

Type de nourriture	Portions	Glucides par portion
Ketchup	1 cuillerée à soupe	5
Raifort	1 cuillerée à soupe	5
Jus de citron	1 cuillerée à soupe	5
Jus de citron vert	1 cuillerée à soupe	5
Moutarde	1 cuillerée à soupe	5
Assaisonnement mariné	1 cuillerée à soupe	5
Concombre à l'aneth	1 moitié	5
Concombre doux (salade de concombre)	2 tranches	5
Concombre doux (Concombre épicé)	oz (20 g)	5
Sauce	tasse (50 g)	5
Sauce soja, normale ou light	1 cuillerée à soupe	5
Sauce à tacos	1 cuillerée à soupe	5
Vinaigre	1 cuillerée à soupe	0
Yaourt	2 cuillerées à soupe	5

Teneur en glucides : Épices

Type de nourriture	Portions	Glucides par portion
Aromate	Tout	0
Ail	Tout	0
Herbes, fraîches ou sèches	Tout	0
Piment	Tout	0
Épices	Tout	0
Tabasco ou sauce au poivre forte	Tout	0
Vin de cuisine	Tout	0
Worcestershire sauce	Tout	0

Teneur en glucides : légumes
tasse de légumes (100 g) cuits ou 1 tasse (200 g) de légumes crus correspond à 5 grammes de glucides.

Type de nourriture	tasse (100 g) cuit ou 1 tasse (200 g) cru	Glucides par portion
Artichaut		5
Cœur d'artichaut		5
Asperge		5
Haricot (vert, italien)		5
Germes de haricots		5
Betterave		5
Brocoli		5
Choux de Bruxelles		5
Chou		5
Carottes		5
Chou-fleur		5
Céleri		5
Concombre		5
Aubergine		5
Oignons ou échalotes		5

Type de nourriture	tasse (100 g) cuit ou 1 tasse (200g) cru	Glucides par portion
Légumes verts (chou, chou frisé, moutarde, navet)		5
Chou-rave		5
Poireau		5
Légumes mélangés (sans maïs, petits pois ou pâtes)		5
Champignons		5
Gombo		5
Oignons		5
Cosses de petits pois (mangetout)		5
Paprika (toutes sortes)		5
Radis		5
Laitue (endive, scarole, laitue, laitue romaine, épinards)		5
Choucroute		5
Épinards		5
Courge d'été		5
Tomates		5
Tomates en conserve		5
Sauce tomate		5
Jus de tomates		5
Navets		5
Châtaignes d'eau		5
Cresson		5
Courgettes		5

RÉGIME DU « MÉMORIAL HÔPITAL DU SACRÉ-CŒUR »

Ce régime est destiné à ceux qui souhaitent perdre du poids rapidement. Il vient du Mémorial Hôpital du Sacré-Cœur et est utilisé chez les patients cardiaques qui ont besoin de perdre du poids rapidement, généralement avant une opération.

Soupe brûle-graisse basique

Cette soupe peut être mangée à chaque fois que tu as faim, et tu peux en manger autant que tu veux. Elle n'ajoutera pas beaucoup de calories à ton régime, et plus tu en mangeras, plus tu perdras de poids. Remplis un thermos le matin si tu quittes la maison pendant la journée.

Remarque : Si tu manges exclusivement de la soupe indéfiniment, tu souffriras de malnutrition.

Ingrédients

12 oignons verts/échalotes, oignons hachés
1 ou 2 boîtes de tomates hachées
1 grande tête de chou hachée
2 poivrons verts
1 bouquet de céleri
1 paquet de soupe à l'oignon
En option : coriandre ou persil haché
Assaisonnement : sel, poivre, poudre de curry,
bouillon ou sauce piquante (tabasco)

Méthode

Coupe les légumes en morceaux petits ou moyens, ajoute la soupe à l'oignon, le contenu des boîtes de tomates, assaisonne et couvre avec de l'eau pure filtrée. Cuis pendant 5 à 10 minutes et laisse mijoter jusqu'à ce que les légumes soient mous.

Le programme

Jour 1

Mange seulement la soupe et des fruits – toutes sortes de fruits, sauf des bananes. Le melon et la pastèque ont des niveaux faibles en calories.

Comme boissons : du thé non sucré, du jus de canneberge ou de l'eau purifiée.

Jour 2

Ne mange pas de fruits. Mange des légumes. Mange jusqu'à plus faim tous les légumes frais, crus ou en conserve que tu aimes. Essaie de manger des légumes verts et évite les haricots, le maïs et les pois.

Mange autant de soupe que tu souhaites.

Au moment du dîner, récompense-toi avec une pomme de terre cuite entière.

Jour 3

Mange autant de soupe, de fruits et de légumes que tu souhaites. Ne mange pas de pomme de terre cuite.

Jour 4

Si tu as mangé pendant trois jours comme indiqué ci-dessus et que tu n'as pas triché, tu verras le matin du quatrième jour que tu as perdu 5 à 7 livres (7 à 9 kilos). Personnellement, j'ai perdu 9 livres (11 kg).

Le quatrième jour, mange trois bananes avec du lait écrémé et bois autant de verres d'eau purifiée que tu peux. (J'ajoute du jus de citron frais dans mon eau purifiée).

Les bananes ont une teneur élevée en calories et en glucides, et le lait aussi. Aujourd'hui, ton corps aura besoin de potassium et de glucides, de protéines et de calories pour réduire ton envie de sucré.

Mange de la soupe au moins deux fois aujourd'hui.

Jour 5

Bœuf et tomates. Tu dois manger 10 à 20 oz (300 à 600 g) de bœuf et une boîte de tomates ou jusqu'à six tomates fraîches aujourd'hui. Essaie de boire au moins six à huit verres d'eau purifiée pour éliminer l'acide urique de ton corps. Mange de la soupe au moins une fois aujourd'hui. (Je mange du saumon grillé à la place de la viande rouge.)

Jour 6

Bœuf et légumes. Mange du bœuf et des légumes à ta faim aujourd'hui. Tu peux prendre deux ou trois steaks si tu veux. Mange des légumes verts. Pas de pommes de terre cuites. Assure-toi de manger de la soupe au moins une fois.

Jour 7

Riz brun, jus de fruits non sucré, et légumes jusqu'à satiété. Assure-toi de manger la soupe au moins une fois aujourd'hui.

À la fin du septième jour, ou au matin du huitième jour, si tu n'as pas triché, tu auras perdu 10 à 17 livres (4,5 à 7,5 kg). Si tu as perdu plus de 15 livres (6,5 kg), arrête le régime pendant 2 jours avant de reprendre le régime au jour 1.

Continue aussi longtemps que tu le souhaites, et constate la différence. Après seulement sept jours, tu te sentiras légère d'avoir perdu 10 livres (4,5 kg), mais tu auras aussi une énergie abondante.

Ce planning de nutrition de sept jours peut être utilisé aussi souvent que tu le souhaites. Il est rapide et brûle les graisses ; le secret est que tu brûleras plus de calories que tu en ingéreras. En réalité, s'il est suivi correctement, ce processus nettoiera ton système des impuretés et te donnera une sensation de bien-être exceptionnelle.

Comme le système digestif diffère en fonction des personnes, ce régime affectera chacun différemment. En général, cependant, après le jour 3, tu auras plus d'énergie que lorsque tu auras commencé. Après quelques jours de régime, tu remarqueras que tes selles auront changé. Mange une tasse de son ou de fibres. De plus, si tu peux boire des cafés noirs avec ce régime, tu remarqueras que tu n'auras plus besoin de caféine dès le troisième jour. (J'ai choisi de ne pas consommer de café.)

Ce régime ne permet pas de boire de boissons alcoolisées, à aucun moment, à cause de l'élimination des graisses dans ton système. Arrête le régime au moins 24 heures avant toute consommation d'alcool.

D'autres aliments interdits sont les aliments frits, la peau du poulet, le pain et les boissons gazeuses (même celles sans calories). Bois de l'eau purifiée, du thé non sucré, du café au lait, des jus de fruits non sucrés, du jus de canneberge et du lait écrémé. Tu peux manger du poulet grillé ou cuit au four, ou du poisson cuit à la place de la viande, lors d'un des jours avec du bœuf, mais tu auras besoin du taux élevé de protéines du bœuf l'autre jour.

La soupe basique brûle-graisse peut être mangée n'importe quand lorsque tu as faim – plus tu en mangeras, plus tu perdras de poids. Manges-en autant que tu le souhaites.

Les médicaments prescrits ne te feront pas de mal avec ce régime.

Continue ce régime aussi longtemps que tu souhaites, et constate la différence, aussi bien mentale que physique.

SOURCES

COURS DE THETAHEALING®

Le ThetaHealing est une modalité de soin par l'énergie découverte par Vianna Stibal, basée à Montana, enseignée par des instructeurs certifiés à travers le monde. Les cours et les livres de ThetaHealing sont faits de façon thérapeutique pour aider à développer la capacité de l'esprit à soigner. Le ThetaHealing inclut les livres, les manuels et les cours suivants :

Cours enseignés par Vianna et les instructeurs certifiés ThetaHealing :

ThetaHealing Séminaire de base 2

ThetaHealing Séminaire ADN avancé 2

ThetaHealing Séminaire sur l'anatomie intuitive

ThetaHealing Séminaire « manifestations et abondance »

ThetaHealing Séminaire « maladies et troubles de la santé »

ThetaHealing Séminaire « relations dans le monde »

Cours certifiés enseignés exclusivement par Vianna au ThetaHealing Institute of Knowledge :

ThetaHealing Séminaire enfants arc-en-ciel pour les instructeurs

ThetaHealing Séminaire ADN de base 2 pour les instructeurs

ThetaHealing Séminaire « anatomie intuitive »
pour les instructeurs

ThetaHealing Séminaire « maladies et troubles de la santé »
pour les instructeurs

ThetaHealing Séminaire « relations dans le monde »
pour les instructeurs

ThetaHealing Séminaire ADN 3 pour les instructeurs

LIVRES

Titres disponibles :

ThetaHealing® (Hay Hous, 2010)

Advanced ThetaHealing® (Hay House, 2011)

ThetaHealing® Diseases and Disorders (Hay House, 2011)

On the Wings of Prayer (Hay House, 2012)

Manuels de séminaire

Manuel de ThetaHealing® de base

Manuel de ThetaHealing® de base pour les instructeurs

Manuel de ThetaHealing® ADN 2 avancé

Manuel de ThetaHealing® ADN 2 avancé pour les instructeurs

Manuel de ThetaHealing® « anatomie intuitive »

Manuel de ThetaHealing® « anatomie intuitive »
pour les instructeurs

Manuel de ThetaHealing® enfants arc-en-ciel – jeunes enfants

Manuel de ThetaHealing® enfants arc-en-ciel – adolescents

Manuel de ThetaHealing® enfants arc-en-ciel
pour les instructeurs

Manuel de ThetaHealing® « manifestation et abondance »

Pour plus d'informations sur le calendrier des cours de ThetaHealing , contactez-nous :

THInK ThetaHealing Institute of Knowledge
690 N. Meridian Rd Suite 209, Kalispell, MT 59904
Bureau : (208) 524-0808, Fax: (208) 524-3061
E-Mail: vianna@ThetaHealing.com
site internet : www.thetahealing.com
ou www.thetahealinginstituteofknowledge.com

Commander des produits ThetaHealing en ligne sur :

www.w-cooperations.ch | info@thetahealingswiss.ch

Connectes-toi avec nous, pour connaitre toutes les actualités. Trouve des informations sur les prochains événements et séminaires, les téléchargements de ThetaHealing, les produits et bien plus encore !

 ThetaHealingbyVianna

 ThetaHealingbyVianna

 @thethetahealing

 thethetahealing

 ThetaHealingVianna

 www.thetahealing.com
www.thetahealing.de
www.thetahealingswiss.com

À PROPOS DE L'AUTEUR

Vianna Stibal est une jeune grand-mère, une artiste et une écrivaine. Son charisme naturel et sa compassion pour ceux qui sont dans le besoin l'ont fait connaître en tant que guérisseuse, intuitive et enseignante.

Après avoir appris à se connecter au Créateur pour recréer et faciliter le processus unique que l'on appelle ThetaHealing®, Vianna savait qu'elle devait partager ce don avec le plus de personnes possible. C'est cet amour pour le Créateur et pour l'humanité qui lui ont permis de développer la capacité de voir clairement dans le corps humain et d'être témoin de beaucoup de guérisons instantanées.

Ses connaissances encyclopédiques du corps et du psychisme humains, basées sur sa propre expérience, tout comme la perspicacité que lui a donnée le Créateur, font de Vianna la praticienne parfaite pour cette technique incroyable. Elle a eu plusieurs succès avec des défis médicaux comme l'hépatite C, le virus d'Epstein-Barr, le sida, l'herpès, différents types de cancers ; et beaucoup d'autres troubles, maladies et problèmes d'origine génétique.

Vianna sait que la technique du ThetaHealing est enseignable, mais surtout, elle sait qu'elle doit être enseignée. Elle mène des séminaires à travers le monde entier pour enseigner à des personnes de toutes races, croyances et religions. Elle a entraîné des instructeurs et des praticiens qui travaillent dans 25 pays, mais son travail ne s'arrête pas là ! Elle est engagée dans la diffusion de ce paradigme de guérison dans le monde entier.

www.thetahealing.com